El árbol de la lengua

© del texto: Lola Pons Rodríguez, 2020
© de esta edición: Arpa & Alfil Editores, S. L.

Primera edición: abril de 2020
Tercera edición: septiembre de 2021

ISBN: 978-84-17623-43-2
Depósito legal: B 3718-2020

Diseño de colección: Enric Jardí
Diseño de cubierta: Anna Juvé
Imagen de cubierta: Grabado de María Ana de Austria, Wenceslaus Hollar
Maquetación: Àngel Daniel
Impresión y encuadernación: Romanyà Valls
Impreso en La Torre de Claramunt

Arpa
Manila, 65
08034 Barcelona
arpaeditores.com

Reservados todos los derechos.
Ninguna parte de esta publicación
puede ser reproducida, almacenada o transmitida
por ningún medio sin permiso del editor.

Lola Pons Rodríguez

El árbol de la lengua

arpa

SUMARIO

Presentación. Una cosecha de textos   13
El árbol de la lengua   17

Bosques y árboles

Prejuicios lingüísticos de todos los colores   23
Eres pedante   27
Todos hablamos un dialecto y no una lengua   31

El sonido de los árboles

Hay una mano en mi ortografía   37
¡Es un interrobang!   41
Trasporte no es una falta de ortografía   44
Batallas de la *ñ*   48
El chalé donde la *t* vivía   51
Te juro que *b* y *v* se pronuncian igual   54
Ni muda ni inútil: *h*   61
Diez palabras con *ll* para explicarte el yeísmo   65
Conocérete fue una *suérete*: la vocal intrusa de los cantantes   69
Toda la verdad sobre *almóndiga*   72
Las tritónicas, en venganza por los *phrasal verbs*   76

Árboles gramaticales

Cuyo, poético perdedor	83
Eres leísta... y no lo sabes	87
Ponga un subjuntivo en su lápida	92
Guerra en el subjuntivo: *tuviera* está aplastando a *tuviese*	95
Tú contestaste que no	98

La frondosidad del vocabulario

A lo que obliga el escaño	105
Las peores palabras del español	108
¿Por qué el nombre *Ambrosio* nos suena a mayordomo?	111
O sea, la de muletillas que usamos, ¿sabes?	115
¿*Black Friday* o *Viernes negro*?	119
Tenemos que hablar de tus ex	122
Una cosita que revela tu origen: el diminutivo	125

Semillas que crecen

Siento que hablo por primera vez	131
En la clase de lengua	135
El acoso, por su nombre	138
Lo que nadie quiere	141
De moda no, *lo siguiente*	144
Estamos en plan explicando la expresión *en plan*	147

El árbol de la ciencia

Tenemos una nueva palabra en español: *escutoide*	153
El apellido que dio nombre a la listeriosis	157
Veinte cosas sobre los números hasta el 20	161

Viejos y nuevos terrenos
- Un héroe a la vista — 167
- Cómo traducir una catedral incendiada — 171
- Bélgica habla español — 175
- Cuando en España no llamaban americanos a los de América — 179
- *Migrar, inmigrar, emigrar* y otras palabras para la ausencia — 182
- Guiri, te queremos — 185
- El hombre del retrato — 187
- España fuera del español — 191

Raíces de mi árbol
- El cónsul y los vendimiadores — 197
- Con acento andaluz — 201
- *Despasito* le gana la batalla a *Despacito* — 204
- Rosalía: *malamente* (tra, tra) no es tan malo — 207
- Donde llueve harinilla: palabras de Andalucía — 211

Mujeres bajo el árbol
- Tener mala letra, tener letra de mujer — 217
- La historia machista de la palabra *institutriz* — 221
- La vida empuja a la lengua: de *señora* a *señoro* — 225
- Lesbianismo: cuando el armario se abrió, estaba lleno de palabras — 229
- Queridas lingüistas — 233

A la fresca sombra
- Flabelos, abanicos y aires acondicionados: palabras para tomar viento — 239

Bajo los adoquines, las palabras para bañarse — 243
Del moscoso al rodríguez: palabras para no trabajar — 247
Cucurucho, gazpacho, sangría:
las palabras que comemos en verano — 251
Bikinis y otra ropa mínima:
las palabras que te visten en verano — 255
El nombre de los palos secos entre la arena
y otras palabras raras del verano — 258

El árbol del dinero

Lo que una palabra tiene en su haber — 265
Divina moneda, ruin calderilla — 267
Ahorrar te hará libre... o esclavo — 270
De *destripaterrones* a *las kelis*:
palabras para los trabajadores — 272
Serás pobre aunque te apellides Rico — 276

El árbol de Navidad

Tenemos más Belenes que Natividades:
los nombres navideños en España — 283
La Nochebuena también es *Nochegüena* — 287
Los Reyes Magos son los padres... del teatro — 291
Vendrá un nuevo año y tendrá sus palabras — 294

Sigue cultivando el árbol
Ejercicios de reflexión lingüística — 301

*A mis lectores, que tanto me acompañan.
Y también, in memoriam, a Julio Arenas Olleta,
que en diciembre de 2018 dejó de hacerlo.*

Presentación
Una cosecha de textos

El lector tiene ante sí una cosecha de sesenta y nueve textos que desde el verano de 2017 al invierno de 2019 he ido publicando en distintos medios periodísticos españoles. Todos ellos son artículos sobre el español y abordan cuestiones muy variadas que implican a la lengua en cualquiera de sus aspectos: la pronunciación, el habla de los jóvenes, los dialectos, la ortografía, la gramática, el vocabulario y aspectos concretos de la expresión de la ciencia o de la economía, entre otros asuntos. El primero de estos textos, «El árbol de la lengua», sirve como declaración de principios sobre qué entiendo que son o que deben ser las lenguas en una sociedad, y es también el que sirve para titular el libro.

Las fuentes parecen fidedignas: un estudio que se desarrolló en la Universidad de Yale, avalado luego por su publicación en la revista *Nature*, estima que en nuestro planeta hay un promedio de 422 árboles por persona. Los estudios más recientes calculan que en el mundo se hablan unas 17.000 lenguas. Hay, pues, menos lenguas que árboles, pero la lengua es también, a su manera, un árbol, nos resguarda, crece con nosotros, florece, tiene sus ciclos... Por eso, he querido organizar los textos de este libro en torno a esa metáfora del árbol para dividirlo en doce secciones. En la primera sección, «Bosques y árboles», me ocupo de las diferencias entre lengua y dialecto, así como de los prejuicios con que a menudo contemplamos árboles (lenguas) que no son el nuestro. A continuación, la sección «El sonido de los árboles» reúne textos que tienen que ver con la pronunciación y la ortografía de nuestra lengua, desde clásicos como la letra *ñ* a rarezas como el signo ortográfico de la manecilla. La morfología y la sintaxis del español se consideran en los textos agrupados en la sección «Árboles gramaticales» y del léxico de nuestra lengua me ocupo en «La frondosidad del vocabulario», donde se tratan temas como las evocaciones que nos despiertan algunos nombres, las traducciones, los diminutivos o las muletillas. Todo árbol tiene en su origen a una semilla que germinó y en la sección «Semillas que crecen» atiendo al sector más joven de nuestros hablantes para explicar cómo se adquiere una lengua, cómo creo que debería enseñarse o cómo cambia el lenguaje juvenil. La sección sexta, «El árbol de la ciencia», trata de descubrimientos, de números y de bacterias para ilustrarnos sobre la historia y la modernidad del lenguaje científico. En «Nuevos y viejos terrenos» indagamos sobre los lugares donde el árbol de la lengua española ha crecido; más allá de España y de América, o con hablantes que no venían de ninguna de esas dos áreas, también ha crecido el español y de eso hay huellas en la actualidad que merece la pena rastrear. Todo árbol tiene sus raíces, las mías están en Andalucía; los textos de la sección «Raíces de mi árbol» tratan aspectos que implican a muchos otros territorios hispanohablantes, no solo por la evidente vinculación entre Andalucía y América, sino porque los prejuicios con que se ha tratado a la variedad andaluza se repiten para el español de otras zonas. En «Mujeres bajo el árbol» exploramos sobre las mujeres como hablantes, y en «A la fresca sombra», nos servimos de la excusa del verano para recorrer la historia de las palabras estivales del español, una verdadera fuente de cambios lingüísticos de los que se pueden sacar muchas conclusiones. «El árbol del dinero» trata sobre el lenguaje de la economía y con «El árbol de Navidad» reunimos textos que investigan sobre los textos, los nombres y las palabras del fin de un año.

Estos textos reunidos aquí se han escrito como respuesta a una cuestión de actualidad, vinculados a una noticia repentina, a una celebración social, a un problema político o a una discusión que ha acaparado cierta atención mediática. Para este libro he modificado someramente esos textos que salieron en los medios; en algunos casos se incluyen aquí versiones más largas, que al salir en prensa hubieron de ser recortadas por la exigencias de encaje de los textos periodísticos. En otros casos, he preferido limar y acortar el texto de partida para que fuera entendido más allá de las claves limitadas en que pudo surgir.

Al final del libro, el lector encontrará algunos ejercicios ligados a los textos que lo conforman. Estos ejercicios son de cultura lingüística y se parecen poco a los que solemos ligar a la asignatura de Lengua. Pueden servir para ampliar o seguir investigando y aprendiendo sobre cuestiones de la lengua y la cultura hispánicas. Se trata de ejercicios sin soluciones cuya respuesta puede encontrarse en una búsqueda aplicada en cualquier fuente al uso.

Todas estas piezas han sido escritas gracias al aliento y al abrigo que le dieron los responsables de distintos medios de comunicación. Debo a la responsable de *Verne*, sección digital de *El País*, Mari Luz Peinado y a Jaime Rubio su paciente mano tendida incluso cuando mi agenda se pone viajera y desaparezco unos meses. En la sección de Opinión de *El País*, la confianza de su directora, Máriam Martínez-Bascuñán, y de Jorge Marirrodriga, ha sido una constante y grata oportunidad para el pensamiento y la escritura. Cuatro de los textos que incluyo se publicaron en las revistas *Archiletras* y en *Muy Negocios & Economía* gracias a la invitación de su director, Arsenio Escolar. Debo a todos ellos mi gratitud.

Y, al otro lado de este libro, sosteniéndolo entre sus manos, quizás esté una de las personas que dio lugar a que fuera escrito. Si he hecho divulgación lingüística desde hace ya más de cuatro años ha sido, sobre todo, por los lectores que estaban al otro lado de la página. La acogida que han dado a mis artículos y su cariño cuando he podido ponerles cara o nombre han abonado vigorosamente este árbol de la lengua que ahora se ha convertido en libro. Por eso les dedico este libro.

El árbol de la lengua

La lengua es un árbol y su fruto la palabra; lo decía con términos parecidos a estos a final de la Edad Media esa historia caballeresca entre real e inventada que es el *Victorial*. Siglos después, seguimos sin percibir la profundidad intelectual de las raíces de ese árbol y las posibilidades infinitas de los frutos que nos ofrece. Advertiremos su magnitud cuando entendamos que la lengua es la mejor herramienta que el ser humano ha sido capaz de crear y alimentar; apreciaremos su grandeza cuando comprendamos que narrar puede hacernos revivir la cólera de Aquiles y que la seducción perfecta es la que se sostiene sobre las palabras; cuando seamos conscientes de que la palabra puede ser la que prende y la que apaga el fuego; cuando leamos por placer y cuando no solo escribamos por obligación; cuando nos esforcemos por hablar con la justeza que cada entorno nos exige, sin confundir pedantería con riqueza lingüística ni imprecisión con llaneza.

Cuando los niños jueguen con el vocabulario y aprendan a usar los diccionarios en papel, saltando por sus páginas como quien picotea eligiendo lo mejor de una cosecha. Cuando nuestros estudiantes no digan *no sé explicarme*, cuando el desarrollo de la expresión oral y escrita sea un compromiso para todos los docentes, impartan la asignatura que impartan. Cuando sepamos estimar en los centros educativos la potencialidad del plurilingüismo de los migrantes; cuando desde las aulas seamos capaces de entrenar críticamente la sensibilidad del alumnado ante el paisaje lingüístico de las calles. Cuando no observemos la ortografía como corsé sino como consenso, como el mejor código para que nuestros libros y textos viajen por todo el mundo sin visado previo; cuando la gramática sea un motor de conocimiento y análisis y no el fin último de la enseñanza lingüística.

Cuando nos creamos de verdad que no hay lenguas mejores que otras. Cuando no asociemos la superioridad de una lengua a tener un sistema gráfico ni pensemos que tenerlo convierte a una variedad en una lengua. Cuando no liguemos la capacidad de un idioma a su número de hablantes. Cuando aceptemos que la lengua que no cambie será la próxima dueña del cementerio; cuando respetemos lo recibido de igual forma que valoramos lo creado novedosamente. Cuando consideremos que la pureza lingüística es tan peligrosa como la pureza racial. Cuando asumamos que muchos de los extranjerismos que hoy usamos se irán y que otros muchos se quedarán; cuando nos enteremos, por fin, de que ambos procesos dependen de la voluntad de los hablantes, porque la lengua no existe fuera de nosotros.

Cuando dejemos de creer que lo que no está en el diccionario no existe; cuando admitamos que el diccionario no puede cambiar la realidad sino fotografiarla. Cuando consideremos que los lingüistas no se dedican a perseguir a los hablantes por hablar como hablan; cuando dejemos de pensar que para enseñar una lengua basta con ser nativo. Cuando haya correctores de estilo en las empresas de comunicación y se reconozca el nombre del traductor en todos los libros traídos de otros idiomas. Cuando escribir un artículo científico en inglés dé más visibilidad pero no más prestigio que hacerlo en español;

cuando nuestros políticos se percaten de que investigar sobre lingüística es también hacer ciencia.

Cuando nos demos cuenta de que quien engaña con las palabras va a ser capaz de trampear con las cuentas y las leyes. Cuando dejemos de identificar el cuidado lingüístico con ser políticamente conservador y la creatividad lingüística con ser políticamente progresista. Cuando entendamos que desdoblar el género es una opción personal que no arruina a la lengua y que no desdoblarlo es igualmente una opción personal que no tiene por qué suponer un ataque al feminismo.

Cuando nos olvidemos de la idea de que a un país le ha de corresponder una sola lengua; cuando asimilemos que las comunidades bilingües de España no deben hacerse monolingües, ni de una lengua ni de otra. Cuando respetemos que a esto que escribo unos lo llamen *castellano* y otros *español*; cuando comprendamos que, aunque esta lengua nació en Castilla, es mucho más que ese castellano de los orígenes. Cuando conozcamos las variedades del español en el mundo. Cuando hablar con acento del sur no te dé menos posibilidades que hablar con acento del norte, porque seamos conscientes de que ser de un lugar o de otro no garantiza un mejor uso lingüístico. Cuando comprendamos que las lenguas son patrias que cobijan; cuando la lengua no sea ni la jaula ni el ariete.

Entonces, nuestra cultura lingüística corresponderá a las inmensas capacidades de nuestra lengua. Entonces, y solo entonces, estaremos como hablantes a la altura de ese árbol gigante que nosotros mismos hemos creado.

BOSQUES Y ÁRBOLES

Un árbol se compone de raíz, tronco y copa; la suma de árboles crea un ecosistema llamado *bosque*. En este árbol de la lengua que aquí vamos a recorrer página a página, vamos a empezar contemplando el conjunto de árboles desde arriba, mirando las diferencias que hay entre las lenguas o las formas que tenemos de valorar las distintas variedades. No hay árbol perfecto: el que resulta muy apropiado para un bosque boreal es de una especie que se adapta mal a un clima templado. De la misma forma, no hay manera de hablar idónea y mejor que otras; la mejor forma de usar la lengua es la que se adapta a las circunstancias de cada contexto, a las exigencias de nuestro entorno y de nuestros interlocutores.

En los tres textos que siguen, hablaremos de dialectos, de variedades lingüísticas y de los recelos que a menudo otros árboles de otras lenguas nos despiertan. Una palabra agrupa a todos los bosques, con sus diferencias internas y sus discordancias: *comunicación*; en esas cinco sílabas que hemos heredado del latín COMMUNICARE tenemos a un pariente de los adjetivos *común* y *descomunal*. Comunicarse es, sin duda, un descomunal proceso de lo más común.

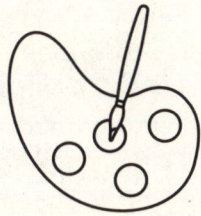

Prejuicios lingüísticos de todos los colores

Te aseguro que no eres el único que naufraga en la distinción entre azul klein, azul pavo y azul azafata. Colores como el orquídea, el lima, el menta, el berenjena, los flúor o los empolvados nos muestran que los nombres para los colores van variando y se refinan hasta el detalle en español actual. No es un fenómeno nuevo: estamos ante uno de los grupos de vocabulario que más se renueva, perdiendo y ganando. Por eso, el mundo del colorido, en sus cambios y su recorrido histórico, puede usarse como muestra para explicar por qué mucho de lo que pensamos sobre las lenguas es falso.

Por ejemplo, tú defiendes que es una genuflexión humillante hacia el inglés que nos hayamos traído de esa lengua palabras como *nude* (un tono parecido al rosa palo) o *caqui* (palabra que vino del inglés). No te pongas la mano en la frente asustado por estos anglicismos cromáticos; también el español le prestó al inglés el nombre del río Colorado y del estado que le da nombre. Francisco de Ulloa lo recorrió en el siglo XVI y llamó a su desembocadura «mar Bermeja» por el color rojizo de sus aguas. Los préstamos no van solo en una dirección.

Tú piensas que el español se está empobreciendo porque está perdiendo nombres de colores que antes se usaban más. El *crudo* de antes (llamado así por el color de la lana sin blanquear) se llama ahora sobre todo «beis» (del francés *beige*). Pero el español también perdió nombres latinos de colores: nuestros antepasados distinguían entre el color negro mate (lo llamaban ATER) y el brillante (NIGER). No es más pobre el español comparado con el latín; simplemente nosotros expresamos el matiz entre mate y brillo sumando un adjetivo.

Tú crees que la lengua se estropea porque la gente ya no dice *granate* sino *burdeos*, y que así las palabras-de-toda-la-vida se van a perder, pero palabra de toda la vida te puede parecer *rojo*, que, en cambio, no se usaba apenas en la Edad Media, cuando los hablantes usaban más *bermejo*. Otro nombre para el rojo, el *colorado*, es preferido en América (junto con *encarnado*) y en buena parte de Andalucía para denominar a este color. Los adolescentes andaluces antes se ponían *colorados*, y posiblemente se pongan *rojos* ahora. Los medios y los productos globales hacen que se borren algunas de esas diferencias. Pese a ello, llamar *celestes* a los ojos azules sigue siendo muy frecuente en parte de Andalucía.

Tú eres capaz de decir que, con tanta gente de diversa procedencia que llega a tu ciudad, la lengua se va a terminar corrompiendo a fuerza de mezcla. Y no te das cuenta de que lo que percibes como legítimamente hispánico y no extranjero puede muy posiblemente haber sido una novedad para nuestros antepasados. Son arabismos nombres de colores como *azul* o *añil* (la planta de la que se sacaba la pasta azul oscura que dio nombre al color era llamada en árabe *nîl*). Germánicas son denominaciones de colores como el gris y el blanco, que también reemplazaron a otras: en la Edad Media llamaban *pardo* a lo que hoy llamaríamos *gris*, y *gris* se empleaba sobre todo para el color de la piel de ardilla llamada *grisa*. La palabra germánica *blank* de la que proviene *blanco* barrió a las formas latinas ALBUS y CANDIDUS.

Tú piensas que el español es sobre todo un patrimonio de España y te olvidas de que en América hay más hablantes, más variedades y más oportunidades de crecimiento para el español. El *fosforito* con que acompañas al verde, naranja o rosa como denominación de color es muy reciente, de finales del siglo XX, pero si miras qué significa *fosforito* en el ámbito americano verás que allí, desde la acepción 'cerilla', tiene muchísimas otras acepciones: un tipo de emparedado en Argentina, una persona muy delgada en Nicaragua, alguien que se enfada pronto en Venezuela... El equivalente de una paleta cromática es cualquier lengua en su conjunto de variedades.

Pero claro, tú a lo mejor crees que si hablamos de dialectos o variedades del español estamos apuntando a todo lo que no coincide con la Castilla fundacional, y que el estándar coincide punto por punto con la forma de hablar castellana. Pues mira, *sietecolores* es nombre para el jilguero en Burgos y Palencia, y *golorito* (derivado de la palabra *color* con diminutivo) llaman a este pájaro en La Rioja. El castellano de Castilla también tiene su propia dialectología interna.

Tú sostienes que si hay tantos cambios en las lenguas es porque lo de los colores antes era muy subjetivo, nada científico, que hoy lo tenemos más claro con las etiquetas numéricas para los colores. Pero algunos de nuestros nombres de colores vienen del antiguo vocabulario científico. *Amarillo* viene del lenguaje médico: la palabra latina que significaba 'amargo' (AMARUS) dio lugar a AMARELLUS, adjetivo con el que se designaba a quien tenía el color pálido de quien padece de una enfermedad de hígado, órgano que antiguamente se relacionaba con la secreción de humor amargo.

Tú te pones en los postres de la cena familiar a argumentar que los extranjeros tienen mucho morro porque el español es más fácil de aprender y más lógico que las lenguas que tú estudias en una academia. Y no te has parado a pensar en que nuestros estudiantes de español como segunda lengua tienen en los derivados de los nombres de colores uno de los grupos léxicos que más les amargan la vida, ya que cada color tiene una terminación distinta. En inglés, basta con añadir *-ish* siempre (*reddish*, *greenish*), pero en español lo que no es blanco del todo es *blanquecino* o *blancuzco*, lo que es un poco rojo es *rojizo*, si es un poco azul se dirá *azulado*, en tanto que lo que es un poco gris será *grisáceo* y es *amarillento* algo un poco amarillo. Pensar que la lengua propia es más fácil y lógica que el resto es otro prejuicio lingüístico más.

Tú piensas, en fin, que debo escribir negro sobre blanco que la lengua es uniforme y no debería cambiar. Y yo lo que pretendo explicarte es que prejuicios lingüísticos hay de todos los colores.

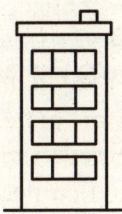

Eres pedante

Te levantas resacoso, y en lugar de decir «No sé ni dónde estoy», sueltas algo como «Tengo los parámetros espacio-temporales un poco enajenados». Tú eres un pedante, amigo. Pero no te preocupes, hay mucha más gente por ahí que lo es e incluso hay una especie de «pedantizador» en Twitter que convierte el himno raphaelita:

¿Qué pasará?,
¿qué misterios habrá?
Puede ser mi gran noche.

en esto:

¿Qué acontecerá?,
¿qué enigmas existirán?
Es factible que aquesta sea mi grandiosa noche.

O hace que el clásico del grupo Camela:

Sueño contigo,
¿qué me has dado?
Sin tu cariño no me habría enamorado.

se encarne en:

Tengo fantaseos oníricos contigo,
¿qué me has suministrado?
Sin tu afecto no me hubiera prendado de ti.

Ambas son algunas de las versiones que la cuenta de Twitter @QueSueneCulto desliza en su perfil. Quien escribe bajo esa cuenta, del que solo hemos podido averiguar que es español y hombre, tiene el tino de tomar una frase conocida y pasarla por un particular conversor lingüístico que da lugar a un tuit equivalente en fondo pero no en forma a la frase de partida.

El ejercicio de nuestro tuitero recuerda a otros precedentes que escribían parodiando el lenguaje oscuro pretendidamente culto. Así, Quevedo escribió contra Góngora y contra ese estilo y sus seguidores en la obrita *La culta latiniparla* (1624), donde decía que hay quien «por no decir ventosidades, dirá: tengo éolos o céfiros infectos» y «a las rebanadas de pan llamará planicies y al queso ceniza de leche».

¿Qué hace que una palabra nos parezca más pedante o más pretenciosa que otra? Podemos apuntar a dos factores: dónde se usa la palabra y cómo es. El *dónde* nos lleva a hablar de registros. Es normal que un policía se dirija a ti diciendo «Estacione el vehículo», pero si dices esa frase a tu pareja dentro del coche cuando vais con la abuela y el gato a la playa, sonará pedante. Si vemos la lengua como un edificio, tendremos que el vocabulario, la pronunciación o la gramática, es decir, los distintos componentes que se unen cuando nos ponemos a hablar o a escribir, se plasman en rasgos que viven en diferentes pisos de la casa. Cada planta, cada nivel, es una variedad o registro: la planta baja equivale a los niveles de lengua menos cuidados, más informales y coloquiales; la planta alta a los niveles más elaborados; hay plantas centrales para los estilos medios y almacenes superiores muy acotados y técnicos a los que solo llegan los especialistas en una materia: en la planta baja hablan de «trancazo lleno de mocos», en las medias o altas aparecerán «catarro» o «constipado» y en el almacén técnico se referirán a una «enfermedad infecciosa viral del aparato respiratorio con afección de los senos paranasales».

La ecuación no supone en absoluto que mayor formalidad equivalga a mayor altura en la escala socioeconómica (ya nuestra sociedad ha dado muestras de que mayor posesión económica no equivale a mayor posesión cultural); en cambio, más cultura sí implica más pericia y conocimiento de la lengua para poder manejarse tanto en situaciones informales como formales. Aunque los hablantes se empeñen equivocadamente en creer que hablar bien es ser de una zona u otra de la geografía hispanohablante, los filólogos asociamos el hablar bien a la capacidad de moverse con soltura por varias de las plantas de ese edificio que es la lengua (técnicamente, de hecho, lo llamamos *edificio variacional*) y saber en qué entornos corresponde utilizar los rasgos de una planta o de otra. La pedantería viene de estar usando en la planta baja del edificio (entorno informal) las palabras que corresponden a plantas superiores (situación formal).

Lo de sonar pedante tiene un componente de contexto y otro componente más: el tipo de palabra que se escoge. Sí, los propios vocablos pueden cargarse de ese sentido que damos a lo pedante; por ejemplo, el recurso abusivo a lo infrecuente (llamar «fluenza» al *catarro* al que aludíamos antes) o a lo arcaico (usar «aquesta» por *esta*) y usar muchas más palabras de las necesarias (haciendo un circunloquio, por ejemplo: hablar de «apetencia de vianda» por *hambre* o llamar a la tortilla de papas «mézclum ovotuberculado» como hacen en algún restaurante) pueden denotar pedantería. Hablar sin ser pedante termina siendo una cuestión de medida: se trata de seleccionar los rasgos de esas plantas altas adecuados para resultar natural y no excesivo ni cargante.

Claro que lo que nos suena hoy normal pudo haber sido pedante ayer. De hecho, es bien frecuente que una palabra que empieza siendo rasgo solo de habla elaborada (planta de arriba del edificio) termine difundiéndose y llegue a usarse en la planta baja. Ocurrió con palabras como las derivadas del vocablo *psicológico*, en otro tiempo tenido como término pretencioso; señalaba uno de los personajes de *La Regenta* (1885) que había que conocer bien «a esa mujer, psicológicamente, como dicen los pedantes de ahora». Hay más ejemplos. Cualquiera puede soltarnos hoy en un bar, con el palillo de dientes en la boca: «En la defensa del Betis no hay nada que solucionar», cuando justamente el verbo *solucionar* en el siglo XIX se sentía pedante. Cuando más extendida está una palabra, menos se arriesga a ser tenida por rimbombante.

Procedo, por ser de atinada pertinencia, a dar por fenecido este mi opúsculo, que no ambicionaba otro propósito que evidenciar que el usufructo de todos los registros del edificio variacional de nuestra lengua, incluidos aquellos más altamente elaborados, evidencia la riqueza lingüística del individuo.

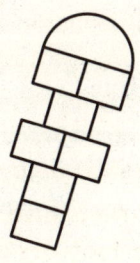

Todos hablamos un dialecto y no una lengua

No importa de dónde seas: tú hablas un dialecto. Todos hablamos dialecto: yo hablo dialecto; la presentadora de los informativos, al terminar su locución, habla un dialecto; el mejor de los escritores y el más cutre de ellos hablan un dialecto. Incluso si no eres hablante de español, sino un simpático guiri que está aprendiendo la lengua cervantina: hablas un dialecto de la lengua que estás adquiriendo como segunda lengua.

Puede haber reacciones adversas a una idea así: al fin y al cabo la noción de dialecto en la mentalidad común está asociada a un estilo de habla inferior, minoritario, sin refrendo oficial. Cierto es que la palabra *dialecto* está teñida de connotación negativa; de hecho, es eso precisamente lo que explica que en documentos oficiales haya sido sustituida por otras más neutras como *variedad* o *modalidad lingüística*. Pero en el lenguaje de los especialistas un dialecto es, simplemente y sin ninguna carga prejuiciosa, un término que se emplea para designar a una variedad de lengua que es compartida por una comunidad; un dialecto es la forma que tenemos de hablar una lengua. Toda lengua, pues, se materializa a través de dialectos y estos no se asocian solo a un territorio concreto: hablamos el dialecto de nuestra zona, con los rasgos socioculturales que nos da nuestro nivel de formación, con el vocabulario jergal que posiblemente nos da la profesión concreta que ejercemos.

Muchos dialectos, ¿verdad? Pues todos ellos son correctos (o incorrectos) según se adecuen a la situación en que utilicemos la lengua. Técnicamente, los lingüistas hablamos del *geolecto* (dialecto de tu zona), *sociolecto* (dialecto relacionado con tu nivel educativo) o *tecnolecto* (dialecto profesional) y los estudiamos en una disciplina llamada *Dialectología*. Hay también una especie de dialecto no marcado al que tienden todos los hablantes, que se considera prestigioso, se enseña escolarmente y se usa de forma oficial: es la variedad o dialecto estándar, pero este no es materno de nadie, aunque todos lo conozcamos. Tampoco ese estándar es estable ni homogéneo: en el propio español, hay distintos estándares según las zonas, y dialectos que se acercan o alejan más de esas formas prestigiosas.

Cuando la gente vivía normalmente en el mismo pueblo donde había nacido, cuando no había medios de comunicación ni acceso general a la educación, en esa época en que los transportes no eran tan efectivos como los de ahora, las diferencias dialectales de una zona a otra eran muy acusadas. Un símbolo de esa heterogeneidad era la observación de los nombres que se daban al aguijón de las avispas: solo atendiendo al español peninsular aparecían palabras como *guizque*, *fizón*, *rejo*, *puyón* y varias más. Lo mismo ocurriría si preguntásemos el nombre que damos al juego infantil que en estándar se llama rayuela (dialectalmente *teje*, *michi*, *luche*, *avión*...) o a otras realidades como el regaliz o la peonza.

¿Cuántas de esas palabras estarán vivas ahora? Posiblemente muchas se han perdido en favor de la variante estándar. Desde mediados del siglo XX, la movilidad geográfica y social y la exposición a la lengua general en las aulas y los medios han hecho que se pierdan o maticen algunos rasgos muy contrastivos de determinados dialectos del español.

Con todo, y pese a esta cierta tendencia a la estandarización, los 480 millones de personas que hablan español como lengua materna no hablan, afortunadamente, un mismo dialecto, una misma variedad. Diferentes proyectos de investigación, como los atlas lingüísticos o los corpus sonoros, llevan años encargándose de recoger, describir e investigar estas distintas variedades territoriales del español. En 2019, todos sus datos se pusieron en juego para lanzar una aplicación llamada Dialectos del Español. La aplicación es novedosa para el español pero no para el ancho mar de las herramientas informáticas. Aplicaciones como English Dialects o Grüezi, Moin, Servus para el inglés y el alemán, respectivamente, han funcionado como precedentes.

La aplicación para el español, diseñada por los profesores Miriam Bouzouita, Mónica Castillo Lluch y Enrique Pato, plantea un juego de preguntas donde solo hay que marcar la respuesta que espontáneamente refleja nuestra forma propia de hablar. Si a un perro pequeño lo llamas *perrito*, *perrete*, *perruco*, *perrillo*, *perrín* o *perrino*, el diminutivo que elijas está empezando a adscribirte como hablante de una zona. Ese rasgo irá cruzándose con otras elecciones hasta tratar de hacerte tu perfil dialectal. Otros rasgos por los que pregunta la aplicación tienen que ver con tu forma de atender el teléfono (¿dices *aló*, *dígame*, *bueno*, *sí* o *a ver*?), tus preferencias entre «habían muchos estudiantes» o «había muchos estudiantes» (la pluralización de *haber*, no estándar, es común en América y Cataluña). Si dices que el libro «le tienes en casa», ese leísmo de cosa estará apuntando a una zona del mundo hispánico; si rechazas algo señalando que no quieres «más nada» o «nada más», si coges «la sartén» o «el sartén» por el mango y sueñas que con que «si tendrías dinero», dejarías de trabajar, estás marcándote dialectalmente como propio de zonas concretas del área hispana.

La dificultad que debe superar este programa es que ya no somos hablantes íntegramente dialectales, esto es, que todos sabemos qué significa la palabra *guisante* aunque dialectalmente los llamemos *vainas*, *gandules*, *arvejas* o *petipuás*. Un logro de la aplicación es que atiende a todo aquello que no se incluye en lo que popularmente llamamos *acento*. Normalmente, la forma de pronunciar una variedad o dialecto es el primer elemento que oralmente identificamos para decir que alguien tiene acento de una zona. Nos resultan muy fácilmente reconocibles acentos del español como el andaluz, el gallego, el argentino o el catalán, pero la diferencia de acento solo se hace diferencia dialectal si se ve acompañada de características léxicas o sintácticas, que son las que se estudian en esta aplicación.

Si estás leyendo este libro es porque te interesan las lenguas, los modos de hablar, las palabras con que materializas tu pensamiento o ese dialecto que con sus diferencias de hablante a hablante te permite entender este texto que ahora acaba.

Y tú, ¿qué dialecto hablas?

EL SONIDO DE LOS ÁRBOLES

Las letras, sujetas a los dictados de los sonidos, se van ordenando en palabras con las que se puebla el árbol de la lengua. Entre las letras se esconden signos de la ortografía muy visibles, como los puntos o las interrogaciones, pero también hay extrañas especies más escondidas a la vista, como las manecillas o el rarísimo *interrobang*. Junto con estas criaturas peregrinas, están las letras que contraen una relación particular con los sonidos: *h*, que parece ser movida por un sonido invisible; *ll*, en su particular pelea diaria con *y*; *b* y *v*... Y la lluvia de las tildes, que lo va regando todo.

Esta sección está tan poblada como una selva, pues en ella se recogen diez historias sobre pronunciación y ortografía de la lengua española. Una palabra las reúne y congrega: *silencio*, un sustantivo que llegó como cultismo al castellano por la vía del *silencio monacal*. Solo porque hay silencio reconocemos los sonidos.

Hay una mano en mi ortografía

Dentro de la ortografía del español hay una mano, esta: ☞. Propiamente, se llama *manecilla* y se encuentra en el grupo de «signos auxiliares» que la ortografía de nuestra lengua incluye como elementos de funciones diversas y de carácter accesorio. Si entre los signos de puntuación se encuentran formas tan conocidas como los puntos, las comas o los signos de interrogación, entre los auxiliares hay elementos más desconocidos como la barra vertical (esta: |), cuyo nombre técnico es pleca, el calderón (¶) o el signo de párrafo (§). Son signos menos usados, aunque en determinados escritos o ámbitos profesionales puedan tener un elevado empleo por la función que asumen.

La manecilla reproduce la figura de una mano vista en horizontal y de perfil con su dedo índice extendido, bien a la derecha (☞) o bien a la izquierda (☜). No hay signo en la ortografía más motivado que este, que implica reproducir en los libros el común acto por el que cualquier persona señala con la mano algo que es de su interés o que considera relevante. Este signo de naturaleza antropomórfica que hoy tenemos incorporado a las fuentes de nuestros ordenadores era uno de los más comunes de cuantos poblaban los manuscritos y libros impresos hasta el siglo XVIII. Se utilizaba en los márgenes de los manuscritos occidentales europeos, escritos en latín o en alguna de sus lenguas derivadas, para llamar la atención sobre una frase o fragmento del texto, esa parte a la que el dedo índice de la manecilla inequívocamente señalaba. Teniendo en cuenta que los manuscritos circulaban con la idea de que podrían ser comentados, glosados y anotados por sus posibles lectores, el uso de la manecilla estaba ligado a la propia forma de escribir y de leer en la Edad Media.

Escrita por el copista del manuscrito o por los lectores que disfrutaran de la lectura tras él, la manecilla señalaba siempre de fuera hacia dentro y desde los márgenes, o sea, en esa zona externa a la caja de escritura en la que también se hacían anotaciones explicativas o glosas. En una época en que la lectura activa implicaba un «leer escribiendo», anotar los libros era común, y la manecilla estaba al servicio de esta práctica. Curiosamente, esos mismos libros antiguos contaban con muy escasos signos de puntuación; en cambio, la manecilla, que no es un signo de puntuación sino auxiliar, de lectura, pululaba por los márgenes de las obras. Si el chiste no fuera tan malo, diría que la manecilla iba por los libros de mano en mano.

Las variantes con que aparecía dibujada esta manecilla eran tantas como la capacidad artística de quien estaba copiando o anotando el manuscrito. Había meras manos con dedos, manos con puños, manos con brazos, manos con un cuerpo completo, manos con mangas, manos con espadas y hasta manos con cinco dedos cerrados y un sexto dedo que es el índice que señala. Había también manecillas con dedos larguísimos capaces de agrupar extensos párrafos haciendo la función que hoy cumpliría la llave. Cansado de tanta antropomorfia, hubo algún copista que postergó la mano y directamente dibujó a un pulpo señalando con sus tentáculos...

Al inventarse la imprenta a finales del siglo xv, la manecilla no desapareció. En primer lugar, porque siguieron copiándose muchos libros manuscritos con márgenes donde se alojaban manos, flechas y notas. Y, en segundo lugar, porque la propia manecilla entró en los talleres de la imprenta, dentro del repertorio de letras y signos con que se componían los libros. Las manecillas impresas eran, obviamente, más sobrias y uniformes que las dibujadas, pero cumplían su misma función: los editores las utilizaban para avisar del cambio de una sección o de un asunto relevante, incluso incorporándolas dentro del propio texto y no solo en los márgenes. La prueba de que era un signo muy empleado es que la palabra se utilizaba en la lengua común; a finales del siglo XVII, el literato Vicente Sánchez escribía en su *Lyra poética* que un personaje de su obra llevaba el dedo en cabestrillo, lastimado por haber usado mal un arma, y que su mano parecía «manecilla de margen de libro».

Aunque hoy hay manecillas en nuestras fuentes de ordenador (como esta ☞), apenas se usan. La manecilla entró en declive en siglo XVIII, época en que los márgenes de los libros impresos comenzaron a ser ocupados por fragmentos de texto que resumían contenido o avisaban del título de un capítulo. Hoy la función de la manecilla la cumple más bien la flecha, otra representación icónica, en este caso de un arma arrojadiza, que también está dentro de los signos auxiliares de la ortografía.

Hay sorprendentes herencias y usos de la manecilla en el mundo actual. En el ámbito angloparlante, la manecilla salió de los textos para instalarse en otros soportes: aparecía en los postes de cruces de calles y carreteras (*fingerposts*), donde indicaba la dirección de un lugar; en algunas zonas de Estados Unidos, se incluye en los sellos que estampan en correos sobre las cartas que van a ser devueltas a su remitente por estar mal franqueadas o erróneamente dirigidas.

Pero la más llamativa herencia de la manecilla es, sin duda, informática. La manecilla fue el signo inspirador de la mano (en este caso señalando hacia arriba) en que se convierte a veces la flecha del puntero, por ejemplo cuando posamos el ratón sobre un hipervínculo o elemento que se puede abrir. Este símbolo aparece en interfaces gráficas de ordenador desde los años ochenta y tiene la gracia de reproducir la posición en que tenemos el dedo índice sobre el ratón cuando pulsamos sobre un elemento; nos muestra que no hay mano nueva bajo el sol.

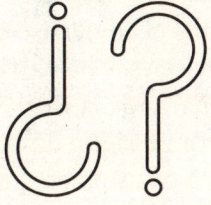

¡Es un interrobang!

Hoy no es raro ver frases escritas en español que carecen de signo de apertura al exclamar e interrogar. ¿Es un delito no ponerlo? No, porque las faltas de ortografía no son delitos, pero sí está feo que, seguramente copiando al inglés, la gente escriba «Vamos!» por «¡Vamos!». A veces vamos acelerados y a menudo a la gente se le olvida poner el de apertura y hasta el de cierre, pero es mejor ser cuidadoso y poner ambos. Hay, cierto es, algunos casos en que puede omitirse de forma correcta ese signo de apertura, por ejemplo cuando aparece un signo de cierre solito entre paréntesis para distanciarse con ironía de un enunciado: «Según Cher, su belleza es natural y no producto del quirófano (!)».

El signo de interrogación no era usado en el alfabeto latino original, lo introdujo Alcuino de York en el siglo VIII. Más tardíamente, al menos desde el siglo XIV, comenzó a circular por Europa su mellizo, el signo de exclamación. En ambos casos, el que se usaba era el de cierre y no el de apertura, ya que el de apertura es un invento español del siglo XVIII.

Los signos de apertura se propagan en español a partir de esa centuria. Desde la segunda *Ortografía* de la RAE (1754) son incluidos como signos propios de nuestro idioma y a partir de esta obra se comenzaron a difundir en los textos escritos, de nuevo con ventaja de la interrogación por encima de la exclamación, que tardó más en arraigarse. Todavía a primeros del XIX había quien solo usaba el de cierre o empleaba interrogaciones en lugar de exclamaciones, y hasta 1884 la definición de *interrogación* en el diccionario de la Real Academia Española no incluyó la idea de que era un signo doble que «se pone al principio y fin de la palabra o cláusula en que se hace la pregunta».

¿Por qué se inventaron las aperturas? La idea que alimentó la creación académica fue la de evitar ambigüedades. Si hay en la frase una palabra interrogativa o exclamativa (*qué, quién, cuánto*...), es fácil advertir cuándo has de empezar a entonar como pregunta o como exclamación. Pero si falta esa palabra, solo gracias al signo de apertura (y al contexto, claro) puedes averiguar que la frase «Se ha casado?» es en realidad «¿Se ha casado?».

Este par de signos no se da en vasco, y en la ortografía gallega se recomiendan solo en caso de ambigüedad. Por eso, igual que la letra *ñ*, los signos de apertura se presentan como identificadores del alfabeto español, como para la cultura hispánica resulta simbólico *El Quijote*. Justamente, ambos símbolos hispánicos eran ligados por el filósofo Ortega y Gasset en un precioso pasaje donde se comparaba la apariencia del personaje cervantino con un signo de interrogación que esconde secretos de la identidad española:

> De lejos, solo en la abierta llanada manchega, la larga figura de Don Quijote se encorva como un signo de interrogación: y es como un guardián del secreto español, del equívoco de la cultura española.
>
> (JOSÉ ORTEGA Y GASSET, *Meditaciones del Quijote*, 1914).

Si ya hemos inventado los signos ¿ y ¡, ¿cómo nos va a sorprender que en los años 60 alguien se inventase en Estados Unidos un signo de puntuación relacionado con la interrogación y la admiración? El *interrobang* fue una mezcla de signo de interrogación y exclamación que inventó el publicista norteamericano Martin Speckter en torno a 1962 para poder puntuar frases como:

«¡¿Pero quién se ha dejado abierto el gas?!».

El interrobang sumaba las funciones de los signos de interrogación y exclamación (este conocido como *bang* coloquialmente en inglés) y se puso de moda en los años 60 en Estados Unidos. Llegó a ser incluido en algunos modelos de máquinas de escribir Remington y hasta formó parte de una tipografía inventada en esa época, como la *Americana*. Pero la limitación de teclas de las máquinas de escribir hizo que terminase siendo postergado en favor de otras teclas más necesarias, y quedó como un signo de otro tiempo, una flor de un día, o de una década. Hoy subsisten grupos de seguidores que se unen en redes sociales en honor al interrobang, algunas fuentes informáticas aún lo incluyen y, parece que por mera coincidencia, el signo aparece en el logo de una biblioteca australiana.

Al español no le hace falta este signo ya muerto: las frases propias del interrobang pueden ser escritas con una combinación de los dos signos de interrogación y exclamación: «¡¿Pero qué invento es esto?!» o «¿¡Pero qué invento es esto!?», ya que, como confirma la Real Academia Española en su última *Ortografía*, de 2010: «Cuando el sentido de una oración es interrogativo y exclamativo a la vez, pueden combinarse ambos signos, abriendo con el de exclamación y cerrando con el de interrogación, o viceversa». En efecto, en español se pueden unir los signos de exclamación y de interrogación y, sí, también se puede poner más de un signo acumulado al abrir o al cerrar (aunque ¡¡¡aviso!!!, hay que contarlos antes para poner el mismo número en ambos lados).

En español, como lengua que se inventó unos signos de apertura, no prendió el interrobang. ¿Interrobang? ¡¿Pero qué invento es este?!

Trasporte no es una falta de ortografía

La ortografía es cuestión de detalle. *Bailen*, sin tilde, sería un imperativo extraño que conminaría («¡Bailen ustedes ahora mismo!») a hacer a la fuerza algo tan festivo como menearse. Bailén, con tilde, fue noticia en febrero de 2018. Cualquier español conoce, por su libro de historia, este pueblo de Jaén. La derrota de los franceses en un tórrido día de julio de 1808 hizo que «Bailén» fuese el título del cuarto de los Episodios Nacionales de Galdós; en Bailén nació Felipe de Neve, uno de los fundadores de la ciudad de Los Ángeles, y en Bailén reivindican desde hace años que el Gobierno regional haga de «ángel» para que se monte un Centro de Transportes de Mercancías que aproveche la estratégica posición de esta localidad en Sierra Morena. Todo esto tiene que ver con la ortografía porque el Ayuntamiento plasmó esa exigencia en una pancarta en el balcón principal de la sede consistorial donde lo que se reclamaba era el

Centro de Trasportes de Mercancías.

Desgraciadamente estamos habituados a ver en nuestro paisaje lingüístico rótulos oficiales con faltas de ortografía, pero el caso es que *trasporte* no es ningún error ortográfico. Sí, está bien escrito. Si consultas el *Diccionario de la Real Academia Española* verás que esta forma de escribir «transporte» está admitida, y lo está desde 1817, cuando se publicó la quinta edición del DRAE.

La unión de las consonantes *n* y *s* en el grupo NS ya experimentaba simplificaciones en la propia lengua latina (la MENSA ahora es *mesa*; SENSU se ha hecho *seso* y cuando decimos «Tras enero viene febrero» usamos un derivado de TRANS). La tendencia común al hablar español ha sido simplificar ese grupo cuando seguía consonante, normalmente haciendo bailar a la *n* hasta expulsarla (y pronunciar *trasporte*), pero también sacando de la fiesta a la *s* (para decir, según ocurre en Panamá o Cuba, *contruido* o *tramplante*). La extensión de la simplificación de la /n/ en NS es tan común que no se considera particularmente monstruoso pronunciar algo como *mostruo*, *circustancia*, *istancia* o *costiparse*. Ahora bien, ¿qué hacemos con la ortografía? Sabemos que son dos planos distintos el de los sonidos (cómo pronunciamos) y el de las letras o grafías (cómo escribimos). Y, sí, están relacionados en el sentido de que la ortografía refleja la pronunciación, pero es un matrimonio que vive con cierta distancia, una lejanía que puede ser mucha o poca según la lengua de la que hablemos.

Para el caso del español, se admite que la distancia de la pareja ortografía - pronunciación no es demasiada: gradualmente, desde que se fundó la Real Academia Española en el siglo XVIII, se fue tendiendo a eliminar mucha grafía que ya no tenía sentido mantener, como la ce con cedilla (ç), las grafías dobles tipo *ph* o *ss* y algunas otras formas que se usaban con cierta profusión en la Edad Media y que entre los siglos XVIII y XIX el español fue dejando a un lado. Pero también la ortografía es hábito, costumbre, herencia (fíjate en el trabajo que te está costando quitarle la tilde a *solo*), por eso hay usos de letras que se mantienen heredados del latín aunque no tengan ya valor distintivo en español (como la *b* y la *v* o la letra *h*). La pareja de este matrimonio la forman la ortografía frente a la pronunciación, y su nivel de intimidad dependerá de si convencionalmente ambas optan por atender a la tradición (tendencia etimológica, más alejamiento) o a la realidad del habla (tendencia foneticista, más cercanía).

La situación en la escritura castellana hasta el siglo XVII reflejaba una presencia muy abundante en la escritura de formas simplificadas: Nebrija en su diccionario usaba *trasformar* y no *transformar*, y la escritura de formas como *doto* o *inorante* no se sentía menos docta o ignorante que las formas con consonantes. Con la progresiva aparición de ortografías y diccionarios académicos, la RAE fue consagrando una forma de escritura para estos grupos con NS, PT o BS, entre otros. No fueron soluciones generales a favor o en contra de la simplificación, sino que prácticamente para cada palabra concreta se propuso una forma... o dos. Podemos escribir *septiembre* o *setiembre*, *obscuro* y *oscuro*, pero el caso es que solemos preferir una forma (*septiembre, oscuro, transporte*) a otra. En general, las formas con consonante (más alejadas de la pronunciación) han solido tener más prestigio (no siempre más uso, fíjate en el caso de *obscuro*) por la vinculación que hacemos entre la etimología y la corrección lingüística.

Para el caso de las formas con prefijo *trans–*, ocurre que muchas de estas palabras pertenecen a lenguajes técnicos, de carácter especializado y muy ligados a la escritura, donde se ha consagrado la forma con *n*. Palabras como *transferencia, transgresión, transposición*... pueden escribirse sin *n*, pero no es lo común. Hay casos donde solo es correcta la forma sin *n* (por ejemplo, *trastienda, trastorno, trasplante*; no son correctos *transplante ni *transtienda ni *transtorno); y hay también casos donde solo es correcta la forma con *n* (por ejemplo, cuando a *trans* sigue la consonante *s*: transexual, transiberiano...). A veces la diferencia no es baladí porque separa significados (consciencia, conciencia)... En caso de duda, mira el diccionario de la RAE: si la palabra aparece con y sin *n*, es que ambas formas son correctas y admitidas, pero siempre es más recomendable la forma bajo la cual se encuentra la definición. Sí, *trasporte* está en el diccionario, pero su definición está bajo la forma *transporte*, así que es esta la escritura recomendada por ser la más frecuente.

Por eso o por no distraer la atención de lo que se reclama, el ayuntamiento bailenense optó por sustituir la pancarta del *trasporte* por otra que decía *transporte*. Poner una ene en la pancarta que reclama equipamiento es más fácil que construirlo.

Batallas de la *ñ*

Es raro leer noticias sobre la letra *p* o sobre la *f*, pero es frecuente, en cambio, toparse con la *ñ* de vez en cuando en algún titular. La ultima noticia al respecto ha sido la que suscitó el nombre *Fañch*: en septiembre de 2017 unos padres franceses lograron llamar así a su hijo después de haber tenido un choque con el registro municipal, que dijo no admitir la *ñ* de *Fañch* por no considerarla letra francesa. El registro impuso en un principio a los progenitores el nombre *Fanch*, pero finalmente, tras un proceso judicial de unos meses, la eñe salió victoriosa y el crío se llama Fañch. Este nombre nos puede parecer raro, pero ambas variantes (*Fanch* y *Fañch*) son formas bretonas de lo que en español es *Francisco*, nombre de pila derivado de FRANCISCUS ('franco, francés').

Antes que Fañch, trajeron a la eñe a la prensa noticias buenas y malas. La más escandalosa se dio en 1991, cuando, pensando en la comodidad del comercio entre países, la Unión Europea propuso excluir a la letra eñe de los teclados de ordenadores españoles: ante reacciones enardecidas de políticos y escritores, en Europa se echaron atrás. ¡Hubo hasta quien dijo que si la *ñ* no entraba en el teclado, España se saldría de la Unión Europea! Luego han venido también noticias agradables, como la inclusión de la eñe en los nombres de dominios web. La letra ñ tiene un interesante perfil periodístico y en España, un país cuyo himno no tiene letra, la ñ parece haberse convertido en todo un símbolo patriótico.

Gracias a la noticia en torno a Fañch, tenemos a la ñ de nuevo en los medios. Y esta vez para darnos cuenta de que esa eñe no solo se da en español. La tienen, traída desde el español, lenguas como el aimara, el filipino, el guaraní o el mapuche. Pero ¿por qué la tiene el español?

Viajemos en el tiempo hasta la época latina. En los textos escritos en latín, y posteriormente también en aquellos escritos en los idiomas que vienen de él, las palabras se abreviaban muchísimo. Hoy los puristas se espantan mucho de que en los mensajes por teléfono la gente escriba *q* en lugar de *que* o *tngo* por *tengo*, pero lo cierto es que, si miramos manuscritos medievales o incluso impresos de los siglos XVI a XVIII, nos encontramos muchísimas palabras abreviadas. Normalmente la abreviación se señalaba con una marquita (una línea chica, una comita o unos puntos) arriba de la palabra que se estaba abreviando, y había voces muy frecuentes (*que*, *para*, *tierra*...) que salían abreviadas muchas veces, tanto en escritos muy cuidados como en otros menos elaborados. Un signo de abreviación de lo más común era el de usar una línea encima de una letra, y eso implicaba añadir una *n*. O sea, si escribían *contādo*, la palabra era en realidad *contando*. O *pēsar* era *pensar*.

En latín no existía el sonido de la ñ. En las lenguas derivadas del latín existe ese nuevo sonido porque ha evolucionado la pronunciación de algunas sílabas latinas específicas. Así, usamos eñe para *puño*, *viña*, *paño* o para el propio nombre *España* donde en latín había PUGNU, VINEA, PANNUS e HISPANIA.

Las lenguas que han salido del latín se escriben tomando las letras del latín. Pero ¿qué pasa si te inventas, si creas un sonido nuevo? ¿Cómo lo escribes? ¿Cómo representar el sonido de la ñ? Se usaron diversas letras para representarlo, y la mayoría de las lenguas romances apostó por combinar dos letras: el catalán lo escribe con *ny*, el portugués con *nh*, con *gn* se representa en francés... Para el caso del castellano, desde el siglo XIII ya está bastante generalizado el hábito de utilizar ñ (o sea, *n* con raya encima) para el nuevo sonido. ¿Por qué el castellano optó por la *ñ*? Fue una especie de acuerdo tácito derivado del uso: no todas, pero sí muchas de las palabras que se escribían y pronunciaban con NN en latín dieron el nuevo sonido para el que se buscaba representación (CANNA> *caña*). Y como una doble N se podía abreviar con N y línea encima... ahí tenemos el origen de la *ñ*. Lo exclusivo del español no es el sonido (que tienen otras lenguas hermanas) sino la letra con que representarlo.

Otros idiomas que no tienen propiamente la *ñ* sí se quedaron con la costumbre latina de usar esa rayita arriba de la letra para indicar precisamente 'suma de una ene'. La virgulilla, que así se llama la raya, se usa en portugués para indicar que la vocal suena de forma nasal (donde había MANU se escribe *mão*).

El bretón proviene de la familia de lenguas célticas, no es una lengua venida del latín; de hecho, tiene el interés de que es la única lengua céltica que se conserva fuera de las Islas Británicas. Y usa, en sus dos sistemas de ortografía, esa virgulilla de la *n* de forma parecida a la del portugués: con ella se señala que la vocal que va antes de la *ñ* suena nasal. Técnicamente no es lo mismo que tener una *ñ* como en español, pero obviamente el resultado del signo en forma de letra es el mismo. Los tribunales franceses, al principio reacios a aceptar esa *ñ* bretona de *Fañch*, tuvieron que admitirla. Ha sido otra batalla vencida por la *ñ*, esta vez en Francia. Y otra vez la *ñ* en las noticias.

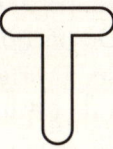

El chalé donde la *t* vivía

En algún momento de la historia de nuestro idioma, los hablantes decidieron que tenía sentido introducir en español el vocablo *chalet*; eso ocurrió a finales del siglo XIX, época en que empezó a usarse en la literatura española esta palabra, traída desde el francés, en concreto, importada de la zona francohablante de Suiza. Uno de los primeros diccionarios del español en incluir esa voz (el de Miguel de Toro y Gómez, publicado en 1901) la definía como 'Casita suiza; casita de campo que imita al chalet suizo'. Se apuntaba así a las casas de montaña alpinas, hechas con madera y base de piedra, como origen de la voz. Ese sentido de 'tipo de vivienda extranjera' se ve en los casos de los primeros literatos que emplearon el término: la escritora Gertrudis Gómez de Avellaneda la usa en la obra *La montaña maldita* (1851), ambientada en Suiza, y treinta años más tarde otra mujer, Emilia Pardo Bazán, retrataba en su obra *Un viaje de novios* este tipo de construcción y se justificaba sobre el hecho de tener que usar una palabra extranjera para nombrarla:

> Yo siento tener que dar a tan lindos edificios, que en Vichy abundan, el nombre extranjerizo de *chalet*; pero ¿qué hacer si en castellano no hay vocablo correspondiente? Lo que aquí denominamos

choza, cabaña o casa rústica, no significa en modo alguno lo que todo el mundo entiende por chalet, que es una concepción arquitectónica peculiar a los valles helvéticos.

La palabra es extranjera, pero tenía cierto parentesco con otras palabras españolas. De hecho, Suiza y Cádiz se hermanan con la historia del chalé. El origen de *chalet* y el de la palabra Caleta, famosa playa de Cádiz, es el mismo: ambas derivan del sustantivo *cala*, que se usa desde antiguo en español, tomado de la lengua occitana. El nombre *cala* seguido del diminutivo *–ete*, *–eta* ha dado *caleta* en español, y en el francés de los suizos dio *chalet*. O sea, *caleta* y *chalet* son palabras hermanas, salidas de un mismo origen etimológico pero con paisajes de uso bien distintos.

En su primera etapa de uso en español, la palabra *chalé* equivalía más bien a un refugio pequeño de montaña, y no tanto a una casa de grandes dimensiones. Piensa en la casita alpina del abuelo de Heidi que se describía en la novela de Johanna Spyri (1880) y que se pintaba luego en los dibujos animados: eso era un chalé. Por eso, cuando la Real Academia Española incluyó por primera vez esta palabra en el diccionario (en la edición de 1927), la asociaba con una casa con una función y medidas concretas: 'casa de recreo de no grandes dimensiones'. Hoy, en cambio, su definición se ha modificado, porque los propios hablantes hemos asociado la palabra *chalé* a edificaciones no pequeñas.

Es cierto que en el mundo hispanohablante existían ya en el siglo XIX viviendas rodeadas de jardín, y eran llamadas de formas varias: *fincas*, *quintas*, o incluso *hotelitos*, no con el sentido de negocio de albergar huéspedes, sino con el mismo valor que ahora tiene *chalé*; muchas calles y barrios españoles llamados «Calle / avenida / barrio de los hotelitos» reciben ese nombre, precisamente, por tener construcciones del estilo de los chalés. Pero la cuestión está en que los hablantes comenzaron en el XIX y principios del XX a utilizar esta voz extranjera y poco a poco se generalizó en el idioma. El referéndum más constante, abierto y cotidiano es el que los hablantes hacemos al expresarnos, sin que nadie nos convoque o movilice para ello.

Generalizado el uso, comenzó la fase de adaptación de la palabra *chalet* a los esquemas propios del español. En una lengua donde los finales consonánticos en –*t* no son muy comunes, se recomendó ya en los años cincuenta del siglo XX la forma *chalé* como adaptación hispánica de la voz francesa; así, sin –*t* se registra su definición en el diccionario actual de la Real Academia Española. Hispanizar *chalet* como *chalé* ayuda, además, a que la formación del plural (*chalés*, según recomienda la Academia) reduzca una variación que se multiplica si la palabra acaba en –*t*: *chaletes, chaleses, chaleres*... Algunas de estas formas se siguen registrando en el habla corriente, a veces con sentido humorístico.

Muchas palabras francesas acabadas en –*et* han sido adaptadas en español guardando esa –*t* final (es el caso de *ballet*) o añadiéndoles una vocal final, o sea, con –*ete* (como *bufete, carrete, gabinete, paquete*...), pero *chalete* no tuvo mucho éxito y por eso se ha seguido otro patrón, el de eliminar la consonante. Es el mismo modelo que, por ejemplo, hemos usado para la forma *gouttelette* (en francés significa 'gotita') y que se ha adaptado al español como *gotelé*, palabra con la que designamos la pintura de pared que simula la existencia de gotas chicas en los muros. No la pongas en tu chalé.

Te juro que *b* y *v* se pronuncian igual

La gente deposita una confianza desmesurada en las letras. Y no me refiero a las del banco, sino a las que usamos para escribir. Tenemos mucha fe en los textos y, en cambio, solemos desconfiar de la lengua que hablamos. Ese prestigio hace que los hablantes piensen que lo escrito brinda en general la pauta de corrección y que lo hablado se aleja de ese modelo y resulta incorrecto. Incluso algunos textos, como los diccionarios, son usados como patrón para medir no solo qué significan las palabras o cómo se escriben, sino incluso qué palabras existen. ¿Has dicho que tu cara es *inafeitable*? Da igual que te hayamos entendido o que la palabra se corresponda con los esquemas comunes con los que se forman palabras en español: esa palabra no está en el diccionario, amigo, así que no existe y no la puedes usar. Encima de barbudo, no sabes hablar. Es absurdo, sí. Y también es llamativo, por cuanto las lenguas son primariamente sistemas de comunicación que nacen oralmente y solo un pequeño conjunto de ellas ha llegado a ser escritas.

Este sistema secundario de la escritura, creado por los hablantes como algo premeditado, tiene unas normas. A veces las convenciones son meros hábitos, costumbres, rutinas que se mantienen porque la gente suele escribir como les han enseñado. Pero hay lenguas que tienen ortografías oficiales. En ese caso, las costumbres ya no son tan inocentes porque los usos se han convertido en reglas prescriptivas.

El español se escribió, como todas las lenguas que salieron del latín, más o menos heredando los usos latinos. Si en latín decían MENSA, para qué nos íbamos a complicar la vida en castellano escribiendo *mesa* con otras letras distintas. A veces las cosas no eran tan fáciles, claro, porque hay sonidos que tiene el castellano y que no tenía el latín. Esos los hemos ido representando como hemos podido: creando una letra nueva (la *ñ*, salida de una abreviatura), juntando dos letras existentes (la *ch*) o dando un valor nuevo a una letra que ya tuviese el latín (la doble *l*). Las rutinas del español se hicieron reglas cuando, tras fundarse la Real Academia Española a principios del siglo XVIII, se declaró oficial su ortografía a mediados del XIX. Desde entonces, la forma de escritura que fue proponiendo la Academia en cada momento es la que ha ido enseñándose en las escuelas y la que se ha tenido como ortografía del español en la mayor parte de la superficie hispanohablante.

Normalmente las faltas de ortografía se dan porque, de nuevo, la realidad de los sonidos no se corresponde de manera exacta con lo que escribimos. Como parte del lenguaje escrito están las letras, las que técnicamente llamamos *grafías*; lo que usamos cada día al hablar son los sonidos, que en lingüística se llaman *fonemas*. Hay letras que no corresponden a ningún fonema: la *h*, por ejemplo, que es muda en español. También hay fonemas que pueden escribirse con varias letras: por ejemplo, el fonema interdental que suena en *una taza de cianuro* (frase rara, lo sé) es el mismo en la *za* de *taza* y en la *ci* de *cianuro*. Dos letras y un solo sonido. Lo mismo pasa con *je* y *ge* o con *ca* y *ka*. En general, estas divergencias están en la base de las faltas de ortografía que se cometen.

La *b* y la *v* son fuente también de errores ortográficos. Estamos ante dos letras que representan un mismo sonido. Suenan igual. Y estoy preparada para los contraejemplos. Alguien me citará a algún cantante romántico actual que entona algo parecido a «Si nos dejan, nos famos a querer toda la fida»; o me dirán que en la radio hasta prácticamente los años setenta buena parte de los locutores, al tiempo que engolaban la voz, daban ejemplos de distinción entre *b* y *v*. En un ámbito menos mediático, muchos en el colegio tuvimos a maestros radicales que enseñaban a distinguir *b* y *v* al leer, o, si más que pedantes eran simplemente benevolentes, pronunciaban *devanadera* en una exagerada «defanadera» para ayudarte a aprobar el ejercicio de dictado.

¿Por qué nos empeñamos en pronunciar distintas la *b* y la *v* si las ortografías y los libros normativos del español dan desde hace años a estos sonidos como equivalentes? Porque, en general, nos cuesta reducir el peso de las distinciones que están en el plano escrito y hacerlas coincidir con el uso oral. A esto lo llamó el hispanista Ángel Rosenblat «fetichismo de la letra». Nos resistimos a no dar un valor distinto en la pronunciación a una diferencia existente en las letras. Esa capacidad de la norma gráfica para influir en los modos de pronunciar la vemos también en otros hábitos documentables en español. Es el mismo fenómeno por el que algunos se empeñan en pronunciar la *p* de *psicólogo*, u otros, en el español peninsular, dicen como *s* la de apellidos del tipo *Vásquez* que aparecen en nombres de futbolistas o políticos hispanoamericanos que al nacer han sido registrados por algún funcionario con interferencia de seseo. Por supuesto, si le dices a alguien: «Mira, no digas Vásquez, esto es mera confusión gráfica», te soltará airado: «¡Pero es que se escribe con s!». Por otra parte, hay que distribuir un poco la culpa: en algunas ortografías académicas antiguas, por fetichismo de la letra o por influencia del francés, sí se recomendaba pronunciar de forma distinta la *b* y la *v*.

¿Hay o hubo alguna diferencia entre *b* y *v* alguna vez? En este punto hay que echar la vista atrás. En el latín existían la

B (BIBERE> *beber*) y la U (o V, eran letras equivalentes). Hoy para nosotros está claro que *vi* tiene una *v* consonante y *hui* una *u* que es vocal, pero en latín una y otra se pronunciaban como una *u* vocal; tanto daba escribir U o V en latín porque sonaban igual. O sea, en el lapidario VENI, VIDI, VICI, lo que soltó el amigo César sonaba como «Ueni, uidi, uiqui». En torno al siglo I d. C., ese sonido vocálico empezó a hacerse consonántico. De hecho, un chiste que aparentemente circuló en el final del Imperio romano aprovecha ese cambio que experimentaba el sonido de la U ante vocal. BEATI HISPANII QUIBUS BIBERE VIVERE EST (o sea, 'felices los hispanos, para quienes beber es vivir'). De esta frase se pueden sacar dos conclusiones: la primera es que al personal de Hispania ya le gustaba tela tomarse un vinito al bajar de la cuadriga; la segunda es que ese vino ya no se pronunciaba *uino*, sino algo parecido a /bino/ porque la identificación BIBERE, de *beber* = VIVERE, de *vivir*, ya no pronunciado «uíuere», era la base del chiste. Un juego de palabras similar se sigue diciendo en los cenáculos literarios hoy: la escritura no da para *vivir* pero sí para *beber*. Claramente pronuncias igual las uves de *para vivir* que las bes de *para beber*.

Pero un momento: ¿qué pasa si cambiamos la frase? *Vivir no, pero beber sí*. Si la dices en voz alta, puedes observar que ya no suenan igual las dos uves de *vivir*. Lo mismo ocurre si lo hacemos al revés: *Beber sí, pero vivir no*. La primera *b* de *beber* suena distinta que la segunda. Como son dos los labios, estamos ante un sonido bilabial, si al pronunciar los cerramos totalmente, decimos que es oclusivo, si solo los cerramos de forma parcial, decimos que es fricativo. En el español de hoy, cuando una consonante labial se queda entre dos vocales se pronuncia con un sonido fricativo (el segundo de *vivir* o *beber*) y cuando la labial es inicial absoluta (por ejemplo, al principio de frase) o está tras una consonante nasal (como *n* o *m*) el sonido es oclusivo. Es decir, sí tenemos dos tipos de sonidos labiales en español actual, pero no se corresponden con el uso de la *b* y la *v*, sino con la posición de la consonante; según si tienes vocales o no a tu derecha e izquierda, será fricativa u oclusiva. Y en ningún caso aparece el sonido de la *v* francesa o italiana que hacen algunos cantantes. Si pronuncias *beber* en ambos casos con oclusiva parecerás extranjero, seguramente te confundan con un italiano.

Pero hemos ido del BEATI HISPANII tardolatino al *beber y vivir* del español actual dejando un lapso intermedio que hay que tocar si queremos jurar que la *b* y la *v* se pronuncian igual. ¿Qué ocurría en castellano medieval? Ahí la situación era ligeramente distinta a la actual, tanto en pronunciación como en escritura. El castellano como tal podemos entenderlo surgido en torno a los siglos IX-X, pero comienza a ser escrito con cierta estabilidad gráfica en el reinado de Alfonso X el Sabio, monarca que sin duda se ganó ese apodo. En esa primera etapa del castellano, hay, en efecto, dos realizaciones labiales, oclusiva y fricativa, pero, a diferencia de la situación actual, se conciben como dos fonemas distintos, no como variantes, y se escriben de manera distinta. La oposición no era, como hoy, dependiente de la posición. (Nada de «Ah, eres una labial intervocálica, pues fricativa al canto»). No: dependía del origen de la palabra. La gente no sabía etimología, pero a la B latina y a la venida de consonantizar la U las hacían fricativas y las escribían con *v*: o sea que *amaban* (latín AMABANT) sonaba exactamente como hoy, como fricativa, y aunque sabían que en latín era con B lo escribían *amavan*; otro ejemplo: *mover* (latín MOVERE) sonaba igual que hoy y se escribía igual que hoy. En cambio, las palabras que tenían una P en latín que se había hecho *b* en castellano tenían pronunciación oclusiva (esto era muy distinto a lo actual: ¡oclusiva en intervocálica!). *Cabeza* (CAPITIA) o *lobo* (LUPUS) sonaban como si hoy quisieras hacerte confundir con un italiano, con una b oclusiva (una b fuerte) y se escribían con b.

Esta distinción, con todo, era frágil: no operaba en todo el territorio peninsular y el castellano empezó a perderla ya a finales del siglo XV, cuando comenzó a darse la distribución actual de oclusiva frente a fricativa meramente por posición y sin separación como fonemas distintos. Otras lenguas romances, como el francés y el italiano, que tenían distinciones similares, enriquecieron esta diferenciación e hicieron de la labial fricativa una labiodental, es decir, usaron una articulación por la que se hace rozar el labio inferior con los dientes superiores (la de «nos famos a querer toda la fida» que hacen algunos cantantes). Esa pronunciación labiodental la hay en el catalán hablado en las Baleares y en parte del valenciano, así como en Cataluña en ciertas zonas rurales. También se da en Paraguay, por influencia del guaraní.

¿La tuvo el castellano alguna vez? Hay quien piensa que sí, porque de vez en cuando nos encontramos en los manuscritos antiguos cosas como *festir* o *profecho*. También están los testimonios de los gramáticos, pero en estas cuestiones tampoco nos podemos fiar mucho de ellos, porque, con prejuicios similares a los de los hablantes actuales, la mayoría se empeñaba en describir los sonidos del español de forma ideal y no realista. De todas formas, un gramático del XVII muy apegado al uso y alejado del latín, el heterodoxo Gonzalo Correas (que firmaba Korreas) la describe con claridad en sus escritos. Esto es un poco inquietante: Correas no era de pedanterías y, encima, era de la Vera extremeña, zona cercana al área de Malpartida de Plasencia donde en los años 30 del siglo XX se localizaron algunos rastros dialectales de labiodental en lugar de fricativa.

En este punto me imagino ya al fetichista de la letra apoyado en el quicio de la puerta y diciendo: *b* y *v* se pronunciaban distintas, y yo lo sigo haciendo porque soy un «conserfador». Pues bien, esa criatura sigue sin tener razón. Si la labiodental existió, fue una variante periférica de la fricativa, es decir, no la tuvieron todos los castellanos, y si algunos la tuvieron, la emplearían con una distribución completamente distinta a la que hoy le damos a la *b* y la *v*. O sea, la pudieron tener en palabras del tipo *amaba* o *escribo*, pronunciadas con fricativa (y escritas con *u, v*) en la Edad Media y hoy escritas con *b*. Del reparto de grafías que se daba en la Edad Media (*amava, escrivo*) al actual ha habido un cambio: las reglas que dio la Real Academia. En ellas se puso *v* donde había v en latín (*vivir, vino*), *b* donde había B en latín (*beber*) y *b* también donde el latín tuvo una P entre vocales (*cabeza* desde CAPITIA). Se acabaron en el XVIII los *amava, escrivo* que, representando a la oposición de fricativa frente a oclusiva, eran generales en el castellano medieval.

Entonces, ¿quitando a los cantantes que dicen «nos famos a querer», hay alguien más que pronuncie labiodentales en español actual? Sí, pero son realizaciones y no propiamente fonemas. En Andalucía, donde todas las *s* finales de sílaba o palabra se alteran, se realiza como labiodental la *s* que va ante labial: *las bragas* (con perdón) se convierten en algo como «lah fragah» y *resbalar* resbala pronto hacia algo parecido a «refalar». Pero es una variante que nada tiene que ver con la *b/v* medieval sino con la *s* que salta por los aires.

Y si esto parece claro, ¿por qué necesito jurarlo? Jurar es mi último recurso, porque con la lengua ocurre que como todos hablamos y escuchamos, y además estamos llenos de prejuicios, no importa que un filólogo te dé la brasa con todo el argumentario disponible, o que te pases dos horas sin poder cambiar de cubata explicando a un colega que las palabras existen si funcionan, y que el diccionario simplemente refrenda lo que el uso da por bueno. Da igual. El tipo al final te dirá: Sí, pero *inafeitable* no existe o, para este caso: «Ya, ya, pero en mi pueblo la *b* y la *v* se pronuncian distintas». Y tan a gusto. Un fetichista de la letra más.

Ni muda ni inútil: *h*

Dicen que quien tiene un amigo tiene un tesoro y quien tiene una bicicleta estática en casa tiene un perchero. Pero entre las cosas inútiles que nos rodean no podemos incluir a la hache. Calladamente y despacito, esta letra ha ido cargándose de razones para estar en nuestro alfabeto y en nuestra escritura diaria del español. No es inútil, no es muda y es algo más que un adorno. He aquí las cinco razones para no considerar a la hache una letra florero:

(1) La hache está en nuestros genes. Igual que tus hoyuelos, tus lunares o tu forma zángana de andar te hacen parecerte a tus ancestros, la hache nos entronca con nuestros antepasados. La primera hache que presentamos aquí es la que ya estaba en latín. Si en palabras como *hombre, hombro, humildad* o *haber* hay hache en español es porque HOMO, HUMERUS, HUMILITAS o HABERE la tenían en latín. Esa hache latina nunca ha sonado en castellano, pero se mantuvo por respeto a la etimología y a la tradición. Antes de que, a partir del siglo XVIII, se fuese fijando por parte de la RAE la ortografía del español, quienes sabían escribir a veces ponían y a veces no esa hache latina; la cosa cambia del siglo XVIII en adelante, cuando los casos de

onor, onra o similares fueron decayendo, al tiempo que se instalaba la enseñanza de la hache en las escuelas. Como ya sabemos, hay siempre una distancia entre ortografía y pronunciación, y la conservación de la hache es una muestra de ello.

(2) La hache nos hace diferentes. Junto con esa hache latina tenemos a otra hache que proviene de una rama bien distinta: la de las palabras que tenían una F en latín. Si escribimos *harto, hondo, hecho* o *higo* es porque en latín se escribía FARCTUS, FONDUS, FACTUS y FICUS. El castellano fue la única lengua peninsular que inició un proceso muy original y propio: comenzar a pronunciar esa F del latín con un sonido aspirado. Esa aspiración de la F latina se ha relacionado con el eusquera, ya que antiguamente los hablantes de esa lengua que también hablaban castellano (recordemos que el área de surgimiento del castellano, en la cuenca alta del Ebro, era zona de contacto entre la lengua vasca y las lenguas hijas del latín) tendieron a modificar la pronunciación de la F latina. Al menos desde el siglo XI, hay gente que pronuncia «hambre» (con un sonido de suave aspiración, como el de la hache inglesa). Es verdad que se consideraba un rasgo vulgar y la gente no lo ponía por escrito: escribían «fermoso» pero pronunciaban «hermoso» ('jermoso') con aspirada. Desde el siglo XVI comienza a escribirse esa aspirada con hache. Desde entonces, el español escribe «yo hago» donde el castellano medieval escribía «yo fago». Los equivalentes actuales en otras lenguas hermanas del español muestran que otras lenguas hijas del latín conservaron la *f*: francés *je fais*, italiano *io faccio*, catalán *jo faig*, gallego *eu fago* o rumano *eu fac*.

(3) La hache nos hace diversos internamente. Ese proceso de aspiración se difundió del norte peninsular hacia el sur, pero en el XVI empezó a perder prestigio y la mayoría de los castellanohablantes empezó a perder la aspirada y a pronunciar

«hago» sin aspirada ('ago', como hoy, haciendo muda a la hache). No obstante, y pese a la presión de la lengua estándar, otras zonas peninsulares conservaron el sonido aspirado. Si en Andalucía occidental oyes aún un sonido consonántico en *hecho*, *hambre* o *harto*, estás ante esa vieja aspiración nacida en el norte en el principio de la vida del castellano. Otras zonas de la península (el este de Asturias, puntos salmantinos y extremeños) y de América (Caribe, Cuba, Puerto Rico) también conservan esporádicamente esa aspiración. Palabras como el «jondo» de *cante jondo*, o *juerga* (del latín FOLGARE 'descansar') han fijado para siempre esa aspiración en la escritura. La hache es, pues, la huella de la diversidad interna de los dialectos del español.

(4) La hache no es tan muda como creemos. Además de la hache que viene de F latina y que se aspira en algunos puntos de la comunidad hispanohablante, tenemos una hache que suena en otro grupo de voces: los anglicismos. Palabras como *hockey* o *hobby* han heredado en nuestra lengua el sonido aspirado del inglés. Si esa es la nueva aspirada de hoy, tuvimos también «nuevas» en la Edad Media: las palabras árabes que tenían sonido aspirado entraron en español adaptadas con *f* (*alforja*) o con *h* aspirada (*almohada*).

(5) La hache es útil. Esta letra sirvió en su momento para ayudarnos a pronunciar palabras como *hueco*, *huérfano*, *hueso* o *huevo*. Estas palabras no tenían ni F ni H en latín, de hecho otras palabras de su familia se escriben sin hache: *oquedad*, *orfandad*, *osamenta*, *óseo*, *óvalo*... ¿Por qué les ponemos entonces una *h* a *huérfano* y a las otras que empiezan por *ue*? En su momento la hache facilitaba el reconocimiento de la secuencia *ue* inicial como vocal. Veamos: antes la /u/ se podía escribir como *v* o como *u*, aunque sonase como vocal; por eso, si se ponía *uérfano* se corría el riesgo de que el lector entendiese

algo como «vérfano». Poniendo una hache al inicio de palabra se dejaba claro que esa *u* era vocal.

La hache es, en fin, algo más que un adorno que ponemos como guiño a la lengua madre. Esconde en sí una historia de cambio, de variación y de originalidad respecto al latín. Y, como en otras cosas de la lengua, nos muestra que dentro de una letra puede esconderse toda una historia para que no te harte el arte de la ortografía. Nada de letra florero; flores a la hache.

Diez palabras con *ll*
para explicarte el yeísmo

1. LLAMAMOS yeísmo a la pronunciación igual de las letras *y* (*i griega*, *ye*) y *ll* (elle). Si en una frase como «No creo que haya llegado a Ayamonte», pronuncias igual los sonidos representados por las letras *y* / *ll*, entonces eres yeísta. Lo más común en la comunidad hispanohablante es serlo, y por eso...
2. HALLARÁS yeísmo en toda la geografía de habla hispánica. Por una cuestión de cifras, lo más probable es que tú que estás leyendo este texto seas yeísta. De hecho, hay quien nunca (pero nunca, nunca) ha oído la pronunciación que tiene *ll* cuando no se iguala con *y*. Ambas letras representan sonidos hermanos, técnicamente ambos son sonidos palatales, o sea, usamos el paladar rígido para pronunciarlos; lo que los diferencia es el lugar por donde sale el aire: el centro de la lengua para el caso de *y* (por eso la llamamos «palatal central») y los laterales para el caso de *ll* (es una palatal lateral). Son consonantes muy próximas en la pronunciación y en la percepción de los hablantes: tenían todas las papeletas para simplificarse, y la simplificación se hizo a favor de la que resultaba más fácil de articular, la *y*, porque la lengua es más gruesa en los bordes que en

el centro y, por tanto, es menos costoso reforzar los bordes y hacer salir el aire por el centro.

3. LLEGABA a enseñarse en los colegios esa distinción *y* / *ll* aún hasta fecha reciente. Los locutores de radio eran instruidos incluso para impostarla pronunciando como «li» la elle, o sea, diciendo «calie» para evitar «caye». En la actualidad, en cambio, lo general es oír el yeísmo en los medios, y no se recomienda recurrir a esa sustitución con «li» para evitar el yeísmo.

4. LA LLAVE de este proceso del yeísmo está en la propia historia del español, no en la del latín. En latín los sonidos de este par de letras también eran distintos, pero no como en castellano antiguo. Si una palabra latina tenía una doble ele se pronunciaba como *l* + *l* (o sea, igual que pronunciamos la palabra *ennoblecer* con *n+n*). Propio de la evolución de algunas lenguas hijas del latín fue que la doble ele se convirtiese en un sonido consonántico distinto al latino, no equivalente a *l+l* sino nuevo. La *ll* del castellano es idéntica al sonido *gli* del italiano (*maglia rosa*), a la *lh* del portugués y a la *ll* del catalán; en todos los casos, son innovaciones con respecto a la lengua madre latina.

5. Hay LLUVIA de ejemplos de yeísmo en español desde el siglo XVI. Por eso, pensamos que en los orígenes del castellano, en torno a los siglos X y XI, existía diferencia entre *ll* / *y*, pero esa distinción comenzó a derrumbarse después. Aunque hay algunos ejemplos en la Edad Media, los casos más claros se dan a partir del XVI, un siglo donde la documentación de yeísmo es muy abundante, tanto en América como en España. A partir de entonces, aunque la ortografía del español estándar no refleje el yeísmo, podemos encontrar referencias al fenómeno dentro de las gramáticas españolas, así como ejemplos en la documentación de escribientes poco hábiles que escriben cosas como *cabaya* o *yorar*.

6. SEVILLA tuvo peso en la propagación del yeísmo, pero no tanto en su génesis. Aunque la teoría a este respecto ha ido matizándose, no parece que estemos ante un fenómeno andaluz que se propaga desde allí (como sí es claro para el caso del seseo), sino ante un rasgo que surgió por la débil rentabilidad que tenía la diferencia entre *ll / y*: la fusión de estos dos sonidos en uno se aceleró por el hecho de que no diferenciaba demasiadas palabras. Imaginemos que perdiésemos la distinción entre *rr* y *r* en español: empezaríamos a fusionar cientos de palabras (*caro* y *carro*, *pero* y *perro*). Pero para el caso de *ll / y*, vemos que los pares del tipo «estoy callado» frente a «el pastor tiene un cayado» son muy pocos. Pocas palabras se oponen por la diferencia entre *ll / y*, y esa fue una razón de peso en su pérdida. Andalucía fue clave, eso sí, en el avance del yeísmo en algunas etapas; así, parece probado que los movimientos migratorios de andaluces a Madrid en el siglo XX extendieron el yeísmo en la capital.

7. LLENOS estamos de puntos no yeístas en la geografía hispanohablante. En zonas rurales en América y en España se puede seguir documentando esa vieja *ll* diferenciada. Incluso en zonas muy yeístas, como Andalucía, hay enclaves donde sigue existiendo la vieja pronunciación de la elle (por ejemplo, pueblos como Albaida del Aljarafe, Olivares, Paradas, Bollullos de la Mitación, Lepe...). Es curioso, porque en este caso la pronunciación más antigua se conserva sobre todo entre los hablantes mayores y más alejados de entornos socioculturales elevados, lo que nos hace pensar que el yeísmo fue un fenómeno originariamente urbano. No obstante, en esos lugares el yeísmo está penetrando rápidamente entre los jóvenes.

8. El LLEÍSMO existe también, pero está muy limitado. Se trata de un proceso en espejo del yeísmo: la fusión de los sonidos representados por *y* y por *ll* a favor de la elle (o sea,

pronunciar *leyes* como «lelles»). Los dialectólogos han encontrado casos en enclaves toledanos y extremeños.
9. Es DESCABELLADO hacer predicciones en el uso de la lengua, pero todo apunta a que el sonido distinto de la *ll* (el palatal lateral) va a seguir en regresión: lo del yeísmo parece irreversible. Con todo, la fiesta no termina ahí, porque el yeísmo tampoco es un fenómeno estable: pensemos en la pronunciación argentina o uruguaya de palabras como *calle* o *galleta*, en ese caso estamos ante un yeísmo distinto (técnicamente se llama «yeísmo con rehilamiento»), que incluso puede mutar a otro sonido palatal y sonar como *ch* («cache» para *calle*).
10. Es LLAMATIVO, pues, pero no insólito, encontrarse a un hispanohablante no yeísta. Pero no te emociones, aún más llamativo será encontrar un alquiler barato. Eso sí que es insólito. Cuando lo halles, ahí sí, chilla.

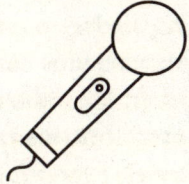

Conocérete fue una *suérete*: la vocal intrusa de los cantantes

Vamos a ponernos cursis: cojín rojo con forma de corazón, vela con mensaje y de fondo un bolero de Luis Miguel que cante cosas del tipo: «Conocerte fue una suerte, amarte es un placer». Más propiamente, lo que dice el bolero es «Conocérete fue una suérete, amárete es un placere». Grado máximo del empalague es esa *e* que se adhiere como caramelo de café con leche a las erres del cantante mexicano. La música y la pronunciación de esa *e* empalagosa pueden venir de otros cantantes: el andaluz David Bisbal se lamentaba diciendo «No olvido tu querer / tu cuérepo de mujer» y Bustamante aclaraba en una de sus canciones que no buscaba nuestro «peredón». Es la banda sonora que nos va a acompañar en la explicación de un fenómeno de la pronunciación española que no es tan menor como parece.

Lo hacen muchos cantantes; de hecho, es el típico error de dicción que corrigen explícitamente en muchas academias de canto. Pero no solo es cuestión de música: antes era muy común oír a esta vocal intrusa en los sermones (cuando empezaba el sacerdote diciendo al predicar «queridos heremanos») y en actores relamidos que preguntaban a doña Inés: «¿No es veredad, ángel de amor, que en esta aparatada orilla más pura la luna bírilla y se respira mejore?».

Si nos paramos a mirar los ejemplos («suérete», «cuérepo», etc.), vemos que se introduce una vocal tras una erre seguida de consonante (*conocerte*, *suerte*) o cuando sigue una pausa. El fenómeno ocurre en los variados casos en que la letra *r* (en fonética llamada rótica, o en la tradición hispánica, vibrante) puede combinarse con otra consonante como *p* (*próximo* se haría «poróximo»), *t* (*tren*), *f* (*frente*), *b* (*broma*), *d* (*dron*), *g* (*grajo*) o las letras *c* y *k*, con idéntico sonido (*crece*, *kril*). Esa vocal que se mete ahí no tiene por qué ser siempre una *e*, de hecho suele ser la misma vocal que tiene la sílaba donde se introduce: *broma* se desplegará en «boroma» y *gruñido* en «guruñido». Los nombres técnicos que recibe este fenómeno pueden sonarnos extraños: *anaptixis* es como se denomina la introducción de esa vocal parásita, que es también llamada (perepárate...) *vocal esvarabática*. Pese a su rareza, tienen mucho sentido estos nombres, ya que *anaptixis* significa en griego 'expansión' y como en sánscrito, lengua india, se daba este fenómeno con recurrencia, se generalizó el término derivado del sanscrito *svarabhakti* para designarlo. En los espectrogramas, inventos que reflejan por escrito una cadena de sonidos, se observa que esa vocal introducida tiene la misma duración que la propia *r* al pronunciarse. Es fácil, pues, reconocerla al oído, como un soplo corto de la vocal.

La anaptixis es en otras lenguas un mecanismo más frecuente y sistemático que en español. Así, en dialectos fineses se da de forma más constante tras la primera sílaba: el número 4 en finés es *neljä* y algunas variedades lo pronuncian «neljä», con vocal por anaptixis; por su parte, el número 3 es *kolme* y en algunas zonas es «kolome». Para el español de hoy estamos ante un fenómeno esporádico, pero no es un rasgo nuevo, en absoluto. Tenemos palabras españolas que han sido el resultado de una antigua anaptixis: el *birqûq* árabe se hizo primero *albricoque* y luego el actual *albaricoque*, y otro ejemplo nos lo da la palabra latina CALVARIA ('lugar sin plantas ni árboles', derivado de CALVUS, sin pelo), que es el origen de nuestra *calavera*, con una anaptixis que pudo ser ayudada por la influencia de la palabra *cadáver*. Otras veces el fenómeno ha sido aislado, o si se repitió no quedó fijado en la forma estándar de la palabra. Por ejemplo, en castellano antiguo se llamaba «corónicas» a las *crónicas*, «Ingalaterra» era una forma posible para hablar de *Inglaterra* y los *tigres* podían ser «tígueres». De hecho, en el relato que hace el dramaturgo sevillano Vélez de Guevara sobre una valiente heroína llamada Gila (en su obra *La serrana de la Vera*, de 1613) un personaje dice al otro: «Yo me voy, y guardaos della / que es una tíguere». Todavía esta forma de llamar al animal puede usarse de forma metafórica en República Dominicana y Puerto Rico. Acreciento la selectísima banda sonora de este texto con la canción reguetoniana en la que un señor apodado Biberón (!) avisa, pese a su apodo: «Yo soy tu tíguere», con anaptixis papichula.

El fenómeno responde en español a un tipo de cambio lingüístico que pertenece a un patrón bien común: al modificarse la sílaba (*suer-te* se convierte en *sué-re-te*) se consigue un modelo de sílaba con consonante + vocal que es más común en español que el hacer encontrarse a una consonante con otra. Nada es caprichoso en la lengua e incluso este rasgo, que en español está reducido a contextos muy concretos, tiene una explicación más allá de la anécdota. Si el cantante decía a su amada que le gustaba «quererete como cosa mía / como párate de mi piel», queramos a esta breve vocal como cosa nuestra. Es una heroína enfrentada a la etimología, opuesta a la normalidad en la pronunciación, polizona de la erre: un soplo pedante deliciosamenete tiéreno.

Toda la verdad sobre *almóndiga*

Siento estropear el chiste, pero lo de *almóndiga* no es como nos lo han contado. La pobre *almóndiga* ni acaba de ser admitida por la RAE ni se considera correcta en español. Sea posverdad o leyenda, en torno a la almóndiga hay una serie de creencias que podemos desmontar. Por eso, vamos a hacer toda una investigación sobre el tema para llegar al núcleo de la almóndiga española.

Albóndigas (y almóndigas) hay secularmente en la historia de nuestra lengua. La albóndiga es un sustento tradicional de la gastronomía hispánica, y por eso, encontramos la palabra usada en textos bien antiguos. Enrique de Villena en un tratado sobre protocolo de la comida en la corte (*Arte cisoria*, 1423) escribía que las palomas «se tajan como la perdiz» y se podían comer «partidas o menudas en albóndigas». La forma *almóndiga* también se documenta, aunque mucho menos, en la historia del español. Así, dice un texto del siglo XVII que un gobernador «quiso cenasen los embajadores [...] sacando un plato a la española de almondiguillas y otro de gigote» (*Comentarios del desengañado de sí mismo* de Diego Duque de Estrada).

Lo definitorio de la albóndiga es su forma de bola, que está en la propia raíz de la palabra. *Albóndiga* deriva del árabe *búnduqa*, que significa 'bola, bolita'; con la sílaba *al–* que está al principio como herencia del artículo árabe. Con ese mismo artículo se ha fijado la bola venida del árabe en otras lenguas de la península: en portugués se la llama *almôndega*, en catalán, junto con otros nombres, se las puede llamar *mandonguilles* y en eusquera (además de la forma estándar *haragi bola* o bola de carne) conviven parientes de nuestra almóndiga como *almandongilla, amandongilla, a(l)mondrongilla* o *almandrongila*. Si te fijas, en esas otras lenguas peninsulares ha triunfado *m* y no *b* para este rico guiso de carne.

No es nada extraño ese cambio del sonido que escribimos con *b* o con *v* hacia *m*: pasaba ya en latín, cuando los gramáticos insistían en que había que decir GLOBUS y NON GLOMUS. Pasaba en castellano antiguo, donde (del latín VIMEN) decían *vimbre* y también *mimbre*, variante esta que terminó triunfando. Hay más ejemplos: a la planta del CANNABUM (latín CANNABIS) la hemos convertido en *cáñamo*, con *m*, y no en «cáñabo», pese a su étimo. Y con perdón, porque estamos hablando de albóndigas, pero a las *boñigas* también se las llama «moñigas» en español actual. No hay que llevarse las manos a la cabeza, pues, porque un sonido como el que escribimos con *b* o *v* (técnicamente, un sonido labial) se «bese en la boca» con un sonido bilabial (el de la *m*) hasta confundirse ambos.

La génesis de la variante *almóndiga* no es, pues, nada caprichosa. Y tampoco es reciente su inclusión en los diccionarios: esa es una parte de la «leyenda almóndiga» que debemos desmontar. Por ser un elemento común en la comida española, la palabra *albóndiga* entró sin demasiada dificultad en los diccionarios antiguos del español. El *Diccionario de autoridades* (1726-1739), el primero que publicó la Real Academia, daba incluso detalles de la receta («Guisado compuesto de carne picada, huevos y especias con que se sazona, mezclándose todo en forma redonda»)... y en ese mismo diccionario del XVIII estaba ya la palabra *almóndiga*.

En concreto, en ese primer diccionario de la Academia de 1726, junto a *albóndiga*, aparecían *almóndiga* y *almondiguilla*. De *almóndiga* se decía: «Algunos pronuncian almóndiga, corrompiendo su origen sin bastante fundamento» y para *almondiguilla* se manifestaba un juicio similar. De hecho, todos los diccionarios posteriores que ha sacado la Academia han mantenido la inclusión de *almóndiga* entre sus páginas, pero en todos los casos, remitiendo para su definición a *albóndiga* y añadiendo un aviso (lo que técnicamente se llama *marca*) de que la forma con *m* se considera vulgar y desusada.

¿Y si es vulgar o se usa poco por qué está en el diccionario? Porque, posiblemente, lo que no entendemos es qué es y para qué sirve un diccionario; que esté la palabra no significa que te recomienden usarla. Los diccionarios no incluyen solo las formas que consideramos prestigiosas, sino también otras que están marcadas por ser restringidas, por ejemplo, porque están en desuso, se reducen a una zona hispanohablante o tienen un empleo limitado a determinados contextos muy formales o muy informales. Podríamos crear un diccionario solo de formas estándares, correctas, sin marcas. Y entonces podríamos quitar *almóndiga*. Pero también prescindiríamos de *cuantimás*, *endespués*, *dotor*, *esparramar*, *menucia*... y cientos de palabras que figuran en el Diccionario de la RAE con marca de vulgar. Y además de eso, tendríamos un grave problema con aquellas palabras que están marcadas en una zona hispanohablante y no en otra: ¿eliminamos *coger*? Tampoco incluyen los diccionarios del español todas las palabras que usamos en el idioma, pero no por ello dejan de existir esas palabras. Si se emplean, se entienden y comunican: existen, aunque no estén en el diccionario. «Las gatas de Ricardo son achuchables»: ¿entiendes *achuchable*? Pues entonces existe, aunque no esté en el diccionario por ser un derivado de *achuchar*, que sí está.

Quitando *almóndiga* y otras formas en variación similares perderíamos mucha información sobre la heterogeneidad del español y haríamos del diccionario un texto inútil para hablantes de español como segunda lengua que podrían acudir a sus páginas para consultar el significado de estas voces. En cierta medida el diccionario es cementerio, es barrio rojo y es descampado: recoge palabras muertas, palabras marcadas como poco apropiadas para según qué contextos y palabras que solo usan una parte de los que hablamos español.

A los filólogos nos sorprende mucho que los hablantes prefieran un diccionario castigador que excluyera *almóndiga* a otro que la incluye avisando de que es mejor que uses esta palabra oralmente cuando preparas «almóndigas» en tu cocina y no cuando las anuncias por escrito en la pizarra de tu bar. Con todo, tanto discutir entre estas dos variantes nos está alejando del asunto principal que se debe dirimir: ¿en qué bar de la comunidad hispanohablante sirven las mejores albóndigas?

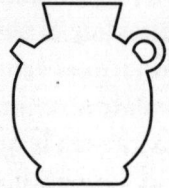

Las tritónicas, en venganza por los *phrasal verbs*

El famoso pianista londinense James Rhodes, recién establecido en Madrid, está aprendiendo español y con bastante entusiasmo va dejando en las redes sociales divertidas pistas de su esforzado aprendizaje. Entre sus mensajes se hallaba uno en el que se quejaba de la dificultad de estas series de palabras del español, con diferencia en la mera posición de la tilde. Ponía, entre asustado y desesperado, esta lista:

PALABRAS TRITÓNICAS

júbilo	jubilo	jubiló
ánimo	animo	animó
círculo	circulo	circuló
cántara	cantara	cantará
práctico	practico	practicó
hábito	habito	habitó
íntimo	intimo	intimó
próspero	prospero	prosperó
vínculo	vinculo	vinculó
tránsito	transito	transitó

Las horas de estudio que los hispanohablantes hemos dedicado a tratar de acordarnos de la diferencia entre *get along*, *get after*, *get around*, *get off* o *get by* (entre otros *gets* que seguro habrá y que he olvidado) salieron inevitablemente a relucir en las respuestas que dieron a Rhodes muchos hispanohablantes, que implacablemente le explicaron que esas tritónicas eran la tardía venganza del español por las odiosas listas de *phrasal verbs* ingleses que hemos tenido que aprender en algún momento. Afortunadamente, el conflicto no se elevó hacia las grandes cuestiones que adornan todo diálogo intercultural entre el mundo británico y el español: no salieron a relucir ni Gibraltar ni Magaluf ni la batalla *fish and chips* versus salmorejo. Por eso, sin salir del terreno de la lengua, y porque Rhodes es músico y las tildes son la música de las frases, voy a explicar lo de las tritónicas para que (atención, que va un juego de palabras) el público lector juzgue si lo que yo publico explica lo que James publicó en su tuit.

En la mayoría de los casos de ese cuadro que reprodujo Rhodes, se exponen palabras que pertenecen a una misma familia léxica: un sustantivo y dos verbos. El sustantivo es la palabra esdrújula (o acentuada en su antepenúltima sílaba): *ánimo*, *círculo*, *hábito*, *júbilo*, *tránsito*, *vínculo*. El verbo en presente es la palabra llana (o acentuada en la penúltima sílaba) y está conjugado en la primera persona: *yo practico*, *habito*, *vinculo*, *animo*, *circulo*, *prospero*, *transito*. Y el verbo en pasado es la palabra aguda (o acentuada en la última sílaba): *jubiló*, *prosperó*, *animó*, *transitó*... En otras filas del cuadro las tres palabras hermanitas esconden relaciones nada fraternales, como ocurre con *cántara* / *cantara* / *cantará*: las dos últimas son de la familia léxica de *cantar* y *canto*, pero *cántara* no tiene nada que ver, ya que nos viene del griego a través del latín CANTHARUS, donde significaba 'copa grande, de dos asas'.

Las palabras españolas han heredado, en general, la misma posición del acento que tenían las latinas. A esa herencia se ha sumado, además, el hecho de que hemos desarrollado cambios y acortamientos de las palabras latinas: en latín se decía BONITATE, donde la sílaba larga era *ta*; en español hemos convertido ese étimo en *bondad*, pero la vocal tónica sigue siendo la *a*, que se ha mantenido. Entre herencia y desgastes fonéticos, el resultado es que la mayoría de las palabras del español son llanas y acabadas en vocal, *n* o *s*, por eso justamente a esas palabras (las de la columna central del cuadro de Rhodes) no se les pone tilde. En cambio, son minoritarias en español las esdrújulas, de ahí que todas lleven tilde. Es decir, como se intenta que la tilde sea una marca distintiva, se han hecho las normas para que pongamos tildes en el menor número posible de palabras.

Lo normal del español es que la posición de la tilde tenga siempre ese valor distintivo, pero en unos poquitos casos no ocurre así, de manera que es posible la variación entre dos formas de acentuación sin que eso afecte al significado. Son correctas y significan lo mismo las palabras *fríjol* y *frijol*, *período* y *periodo*, *maniaco* y *maníaco*, entre otras; y aquí el récord se lo lleva la palabra *bustrofedón*, una extraña voz del español que puede pronunciarse esdrújula (*bustrófedon*, la acentuación más extendida), aguda (*bustrofedón*) o llana (*bustrofedon*), y en los tres casos significa lo mismo. Llamamos a estas voces palabras de doble acentuación (o triple, si es el caso), porque cambia la posición de la tilde sin que cambie lo que significa la palabra.

La denominación de «tritónicas» para series como *práctico / practico / practicó*, donde cambiando la posición de la tilde se cambia el significado, no es muy científica: todas las palabras del español tienen una (y solo una) vocal tónica, la marquen con tilde o no. Hablar de «tritonía» implicaría aceptar que una palabra tiene tres vocales tónicas, y ello no es así. Con todo, se ha extendido la palabra «tritónica» (que nos recuerda al mítico tritón y se emparenta con una voz de la mú-

sica nada relacionada con estas series: el trítono o DIABOLUS
IN MUSICA) como forma de denominar a estas listas que circulan por las redes en repertorios como el tuiteado por Rhodes
o incluso en juegos de palabras algo más complejos, como el
poema a la tritonía que escribió hace unos años la poeta argentina María Verónica Marrone:

> En un íntimo encuentro me intimó
> y yo también lo intimo,
> con un ejército de palabras que aquí ejercito,
> y luego él ejercitó con buen motivo
> un entrevero de pensamientos escritos.

En realidad no es muy complejo ni diabólico este asunto
de las series de tres acentuaciones. De hecho, tengo un mensaje para Rhodes: James, amigo, échate a temblar, porque te esperan cosas peores, como las voces homógrafas y homófonas,
o sea, las palabras que se escriben igual pero esconden significados distintos. Aún recordamos las dificultades que le costó
a la pobre norteamericana Nancy (*La tesis de Nancy*, Ramón
J. Sender, 1962) entender qué significan estas frases que oyó en
Sevilla: «vino el vino» y «como como como»; o a Les Luthiers
explicándonos, con su seseo argentino, que algunos beduinos
provienen de algunos oasis poblados y otros provienen «de
siertos desiertos desiertos». Divina música la de las palabras.

ÁRBOLES GRAMATICALES

En un árbol, los troncos y las ramas son las estructuras que sustentan a hojas y frutos y por las que circula el alimento de las raíces. Si el tronco humano se llama así, es porque nos vemos como un árbol, cuyas extremidades son como ramas. En los cinco textos que siguen hablamos de las estructuras del árbol, o sea, de la sintaxis, y lo hacemos para identificar fenómenos como el leísmo, para abrazar a ese gran tallo que llamamos subjuntivo y para seguir regando a una especie en peligro de extinción: el pronombre *cuyo*.

Reúne a los troncos, las ramas y a toda la estructura perenne de un árbol la palabra latina MATERIA. De ella hemos sacado popularmente la *madera* con la que construimos y, por vía culta, la *materia* de la que todo está hecho.

Cuyo, poético perdedor

Si el deseo es una pregunta cuya respuesta no existe, como afirma el sevillano Luis Cernuda en su poema, el futuro de la lengua es una pregunta cuya respuesta nadie sabe. Podemos hacer predicciones a partir de la frecuencia de uso que dan los hablantes a determinados rasgos, palabras o estructuras, pero en la historia de los idiomas comprobamos que grandes procesos de cambio lingüístico que parecían muy decantados se paralizaron sorprendentemente, y que otros, al contrario, se precipitaron y resolvieron en poco tiempo. Si nos asomamos al mundo de las palabras, vemos que hay muchas que se han usado con vitalidad desde los orígenes del castellano: aunque el pan y el vino de la Edad Media no eran como los de hoy, con las palabras *pan* y *vino* el español fue haciendo un camino en el que cada hablante heredó estas voces de sus antecesores, las usó con frecuencia y las legó sin cambio, como en una carrera de relevos, a la generación siguiente. Otras palabras, sin embargo, se nos perdieron en ese tránsito; algunas desaparecieron porque llegaron otras para reemplazarlas: por ejemplo, *pescudar* y *maguer* se apartaron a un lado y el relevo pasó a *preguntar* o *aunque*; otras palabras se quedaron en el camino porque nuestros antepasados dejaron de necesitarlas, como ocurre cuando un objeto deja de servir.

Pero el futuro de una palabra es una historia cuyo final tampoco existe, ya que, junto a los vocablos mantenidos vigorosamente en cabeza, están en la cola del pelotón varias palabras rezagadas que por su escasa frecuencia parece que no van a llegar a la meta, que no van a ser heredadas por la generación siguiente. Se emplean poco, parecen limitadas a un ámbito muy concreto como el de la lengua formal, nos suenan a otro tiempo... ¿Quién apostaría por su continuidad en el recorrido? Tal vez alguien que conociese la historia de *cuyo*, el pronombre cuyo mañana es incierto.

La forma *cuyo* proviene del latín CUIUS, que pudo sentirse ya como un elemento arcaico en nuestra propia lengua madre; de ella la heredaron el portugués, el castellano y el sardo. En español se usa como relativo posesivo; es decir, indica pertenencia (posesión) y tiende un lazo (es un relativo, se relaciona) con un elemento previo (el antecedente) que señala al poseedor. Por ejemplo, en una frase como *Al programa vino un artista cuyo libro es un éxito*, vemos que *cuyo* enlaza al poseedor, el artista, con lo que le pertenece, el libro.

Cuyo es una de esas palabras que no recibe los ánimos ni el impulso para sobrevivir en la carrera, pero que, pese a ello, resiste, llega y se traspasa a los nuevos hablantes. Empleada desde los orígenes del castellano, ha tenido constantemente un uso minoritario pero ininterrumpido en nuestra lengua; posiblemente hasta el siglo XVII fue algo más frecuente que en la actualidad (recordemos el *de cuyo nombre no quiero acordarme* cervantino), pero hoy se continúa diciendo *cuyo*, sobre todo en la lengua más formal (por ejemplo, en giros como *en cuyo caso* o *por cuya razón*), y se sigue incluyendo en los libros de español para extranjeros. *Cuyo* nunca ha sido usado en la conversación informal, pero la lengua escrita ha ido secularmente recogiendo el testigo de esta forma minoritaria. Solo hemos perdido un valor de *cuyo*: el interrogativo que significaba *de quién*; por ejemplo, «¿cúyo es?» como «¿de quién es?», un sentido que en el siglo XX aún se rastreaba dialectalmente en Canarias y en países de América como Bolivia, Colombia o Ecuador.

Cuyo nació agonizando, como *un naipe cuya baraja se ha perdido*, porque desde los propios orígenes del castellano tuvo un competidor muy preparado, que lo rebasaba constantemente: la combinación de *que* con *su*, en la que el primero es el relativo y el segundo el posesivo. La unión de *que* al posesivo *su* ha sido siempre más usada que el propio *cuyo*: muchas obras medievales no emplean jamás *cuyo* y sí *que* con *su*. Por ejemplo, en el propio *Poema de mio Cid* se dice «Maravilla es del Cid, que su honra crece tanto» y no «cuya honra». Y los ejemplos con *que su* se multiplican hasta hoy. Si en el español elaborado sobrevive *cuyo*, en la lengua hablada el campeón es siempre *que su*, por mucho que esta forma se considere poco aconsejable estilísticamente. De hecho, en los cursos de corrección estilística se llama *quesuismo* (fea palabra, sin duda) a esa unión de *que* + *su* y recomiendan que no digamos «Cernuda es un escritor que su abuelo era de origen francés», sino «un escritor cuyo abuelo era francés».

Cuando pensamos en una lengua, tendemos a creer dos cosas erróneas: que lo hablado es inferior a lo escrito o, al contrario, que la lengua escrita es un remedo irreal de la lengua hablada. Y ambas ideas son falsas. En ese edificio de variedades que es una lengua, hay elementos que son muy comunes y casi exclusivos de la variedad más elaborada y formal, y otros que, en cambio, están limitados al español de la conversación. Pero ambos grupos conforman nuestra lengua, ambos grupos son (mitad y mitad, iguales en figura) la realidad del español. Por eso, donde habita el olvido de las palabras, de momento, no está *cuyo*, aunque lleve siglos como farolillo rojo de la competición lingüística para demostrarnos que las predicciones sobre la lengua son voces cuyos augurios no deberíamos oír sin escalofrío.

Y aún nos quedaba otro *cuyo*...

Cuyo es también un relevante topónimo de la geografía hispanohablante. En la zona centro de Argentina, se sitúa la región de Cuyo; sus habitantes son llamados *cuyanos*. El nombre de lugar *Cuyo* nada tiene que ver con el relativo del español, pues se trata de un topónimo prehispánico derivado de la lengua huarpe. En la región de Cuyo (provincia de Mendoza) se sitúa la cumbre del Aconcagua, la cima más alta de América. Hay también un asteroide llamado Cuyo (propiamente se llama 1917 Cuyo) que fue identificado en 1968 desde el observatorio astronómico argentino El Leoncito, ubicado en la propia región cuyana.

LO-LA

Eres leísta... y no lo sabes

Si, hablando de tu padre, dices que *le quieres, le respetas* o *le abrazas*, además de ser un buen hijo, eres un leísta. No debes asustarte. Los Reyes Magos no se portarán peor contigo que con los que dicen *lo quiero, lo respeto* y *lo abrazo*, pero has de saber que ellos están siguiendo el uso no leísta de los pronombres *lo / le* y tú, en cambio, estás desplazando a *lo* en favor de *le*. En suma, tú eres leísta... y no lo sabes. ¿Cómo reconocer un leísmo? Piensa que tenemos una pareja: *lo* va con *la* (*lo-la*, como la autora de este libro); y luego hay un pronombre suelto, un soltero de la vida, que es *le*. A grandes rasgos, puedes aplicar esta norma de andar por casa: si pasas una frase a femenino y usas *la*, es porque en masculino deberías usar *lo*. O sea, que si a tu madre *la amas, la llamas, la ves todos los días* y *la acompañas a clases de alemán*, a tu padre deberías *amarlo* (y no amarle), *llamarlo, verlo a diario* y *acompañarlo a clases de baile de salón*.

¿De dónde ha salido el leísmo? La pareja *lo / la* y el soltero de oro *le* (con sus respectivos plurales) son pronombres, y como tales sirven para sustituir a elementos que hemos dicho o vamos a decir en una frase. Por ejemplo, si tenemos los enunciados *A mi hermano lo veo* y *A mi hermano le escribo*, los pronombres *lo* y *le*, ambos correctos, están reemplazando a *mi hermano*. Pero ¿por qué en un caso *mi hermano* es *lo* y en otro *le*? Ello depende del papel sintáctico, o sea, de la función que «mi hermano» representa en la frase. En *veo a mi hermano*, es un complemento directo (en latín lo llamarían acusativo) y en *escribo a mi hermano* es indirecto (en latín, dativo). Estamos ante un mismo elemento y distintos papeles, como cuando un futbolista trabaja a veces de defensa y a veces de central sin que cambie su identidad pero sí, quizá, la forma en que lo identifican en la pizarra del entrenador. Pues bien, desde los orígenes del castellano (¡y desde el latín!) ha sido común que los pronombres asuman a veces un papel que no es el que les toca. Sobre todo, eso ha ocurrido con *le*, el pronombre de complemento indirecto que es el soltero-roba-parejas que muchas veces ha barrido a *lo*.

Otras clases de leísmo son más raros, como el de cosa (*el coche le aparqué lejos*) o el femenino (*a mi madre le quiero*). Y también son más infrecuentes que el leísmo de persona masculino otros ismos relacionados con los pronombres de tercera persona del singular del español: el laísmo (*a ella la gusta el espectáculo*) y el aún más raro loísmo (*los escribí una carta a mis hermanos*). Obviamente, este truco de buscarle a *la* siempre una pareja en *lo* no te sirve si eres laísta, o sea, si dices *la dije cuatro cosas*.

Los casos del tipo *le quiero* o *le llamo* corresponden al tipo de leísmo más extendido en el mundo hispánico, el leísmo de persona masculino singular. O sea, hay más leísmo cuando nos referimos a una sola entidad (se da más en *a mi hermano le quiero* que en *a mis hermanos les quiero*), cuando esa entidad es masculina y cuando nos referimos a una persona (*a mi novio le llamo a diario*), o a un ser animado conocido (*a mi perro le quiero* lo oímos con leísmo frente a *al gato del restaurante no lo soporto*, donde, en cambio, sería más raro encontrar un leísmo). Este leísmo de persona masculino es muy usado cuando se asocia a formas de cortesía. Así, llevando a una señora a la puerta podemos decirle: «No se preocupe, la acompaño», pero ¿y si fuese un señor?, ¿diríamos *le* o *lo acompaño*? Si aplicamos el esquema que decíamos antes, tenemos que ante un *la* para el femenino, la opción para el masculino sería *lo*. Si usas *le acompaño,* de nuevo eres leísta... y a lo mejor tampoco lo sabías.

Si eres leísta de persona masculina... estate tranquilo: lo más probable es que el resto de leístas que te rodea tampoco haya percibido este tipo de uso, ya que esta clase de leísmo es muy común: se da en España y en América, aunque mucho más en el español europeo que en el americano. Por su difusión, este es el leísmo más aceptado en los medios y en España suele pasar desapercibido para correctores o hablantes que, en cambio, identificarían claramente el laísmo y loísmo, que prácticamente no se dan en América y solo en algunas zonas centrales y norteñas de España.

Curiosamente, la norma académica del español ha sido muy cambiante al respecto del leísmo. Así como ahora se declara que el leísmo de persona masculino se ha generalizado y es parte del uso estándar, la Real Academia en el siglo XIX no solo aceptaba el leísmo, sino que incluso hasta 1854 censuraba el uso de *lo* para masculino singular, con lo que lanzó a muchos autores literarios andaluces y extremeños a hacerse leístas en sus obras literarias, alejándose del uso vernáculo que tenían espontáneamente en origen. La cambiante norma de corrección del español ante este asunto resulta una buena muestra de hasta qué punto el prestigio de los fenómenos lingüísticos es fluctuante por fechas y áreas. El leísmo de persona, el más extendido en centro y norte, ha sido el más generalizado históricamente por influencia de la corte; de hecho, vemos que desde el siglo XVI autores de zonas no leístas (andaluces o americanos, por ejemplo) comenzaban a serlo.

¿Por qué somos leístas (o laístas, o loístas)? Por una parte, hay variación heredada, ya que hay verbos que en latín estaban cambiando su construcción y se usaban fluctuantemente con dativo o acusativo. Por otra parte, la separación de *lo, la / le* en español se basa en una distinción de función sintáctica que es insólita en nuestro idioma, por eso, se ha tendido a convertir la pareja *lo / la* y al soltero *le* en un trío de pronombres muy bien avenido: *la* para femenino, *le* para masculino y *lo* para elementos no personales (algo parecido a lo que ocurre con los demostrativos *este, esta* y *esto*). Esa motivación (que redistribuye los casos latinos de acusativo y dativo en favor del género) nos permite explicar la extensión del leísmo en la actualidad. Pero junto a esta razón hay otra causa, que es histórica y que subyace al inicio de lo que llamamos hoy leísmo, laísmo y loísmo, y es un fenómeno de contacto lingüístico. Cuando los vascos aprendieron a hablar el castellano y cuando los cántabros se pusieron en contacto con ese sistema en formación alteraron el sistema recibido del latín y este, con variaciones, se fue expandiendo hacia el centro y sur conforme se extendía el castellano en la Edad Media. Laísmo y loísmo no rebasaron el área central, como tampoco el leísmo de cosa. Esta teoría, formulada por la filóloga Inés Fernández-Ordóñez, ha modificado la idea tradicional que teníamos del surgimiento del leísmo.

Tengamos en cuenta que ha sido justamente en las áreas en que el español se ha puesto en contacto con otras lenguas no romances donde han surgido fenómenos más interesantes relativos al leísmo y sus hermanos. Así, hay zonas de Ecuador que solo conocen *le* como único pronombre (ni *lo*, ni *la*, adiós a la pareja) y dicen *le conoció a Luisa* o *la casa le vendió*. En parte del español andino *lo* y *le* han barrido a *la*, y dicen *a Luisa lo acompañaban sus amigos*). En el centro y oriente de Asturias usan *lo* cuando se refieren a un elemento que se expresa de forma no contable, no separable (o sea, *una caja de leche* es separable, pero *la leche* o *el agua* mencionadas sin cuantificar no lo son, por eso dicen *la leche lo echo aquí*).

Como en otras ocasiones hemos visto, pararnos en un asunto de variación interna del español nos muestra que la clave está siempre en la historia y que la valoración que damos a los hechos de lengua es cambiante. Si nos parece poco recomendable el laísmo, es porque es un fenómeno muy restringido dentro de la comunidad hispánica. Si nos parece aceptable el leísmo de persona masculino, es simplemente porque hay más gente que lo practica. Pero ser laísta, loísta o leísta no debe de ser un gran pecado. Al fin y al cabo, nuestros padres y abuelos pedían a Dios en el Padre Nuestro «el pan nuestro de cada día dánosle hoy» con un pedazo de leísmo de cosa que no cambió el sabor divino ni al pan ni a la plegaria.

Ponga un subjuntivo en su lápida

Ya sabemos que los cementerios no solo se visitan para rendir homenaje a los muertos: conciertos, recitales de poesía y rutas turísticas buscando tumbas de gente ilustre son comunes ya en nuestras necrópolis. Inevitable será leer las lápidas cuando los recorramos en el mes de noviembre, e inevitable será leer en ellas... una lluvia de subjuntivos. Si hay que elegir entre indicativo y subjuntivo como candidato a modo verbal propio del camposanto, lo gótico, el Tenorio y Halloween, optamos por el subjuntivo.

«Descanse en paz» es una frase en subjuntivo, más veces leída en forma de sus siglas DEP o QEPD (que en paz descanse). Junto con ella, aparece su antepasado latino RIP, que son las siglas de REQUIESCAT IN PACE (se pronuncia 'rekuiéscat in pake'), frase que significaba en latín 'que descanse en paz' y que, de nuevo, también lleva el verbo en subjuntivo. DEP tradujo a RIP, y RIP, a su vez, sale del responso que se rezaba en la misa para despedir a un difunto. No es raro, por otra parte, encontrarnos algunas variantes que enriquecen a esas fórmulas latinas, como RIPA ('requiescat in pace in aeternum', es decir, 'descanse en paz por la eternidad') o AERIP (que parecen las siglas de una asociación de empresarios pero significa:

'Anima eius requiescat in pace', o sea, 'que su alma descanse en paz'). El cementerio español tiene a DEP y a RIP, pero en italiano e inglés, en cambio, solo hay una porque las siglas propias coinciden con las latinas: «Rest In Peace» en inglés y «Riposa In Pace» en italiano.

Antes de la expansión del cristianismo, las lápidas latinas contenían una fórmula distinta, pero que también presentaba subjuntivo: SIT TIBI TERRA LEVIS, o sea, 'que la tierra te sea leve', que no pese la tierra sobre ti. Esta fórmula tan poética surgió en la literatura griega y se traspasó a la literatura latina; y así la encontramos, escrita normalmente en forma de sigla (STTL), en muchas de las lápidas funerarias que hay en los museos arqueológicos europeos. A veces aparecía introducida por TRPD ('te rogo praeteriens dicas'), o sea: 'paseante, te ruego que digas' con un «te ruego» que se dirigía al posible lector de esas lápidas, como si la lápida estableciese un diálogo imaginario con el lector que ocasionalmente se topase con ella al caminar.

Esta fórmula de la tierra leve apenas se ha usado traducida al español, si bien tenemos algún ejemplo literario. Por ejemplo, Lope de Vega la tradujo en el epitafio que redactó idealmente para la tumba de un plasta charlatán:

> Un jugador que solía
> (de lengua, que no de manos)
> ser tahúr de cuentos vanos
> y hablar sin ortografía,
> muerto de hablar, no cansado,
> yace en este espacio breve.
> Séale la tierra leve,
> aunque él fue a todos pesado.

Cuando a un verbo como *vivir* lo conjugamos en frases como «Me gusta que vivas cerca de casa», «No vivas tan preocupada» o «Tal vez vivas feliz así» estamos usando el subjuntivo, un modo verbal que está muy vivo pero que, curiosamente, es el que más se emplea en las placas que recuerdan a los muertos. El de las lápidas es un uso interesante porque el subjuntivo normalmente aparece dependiendo de otro verbo, como en «No quiero que vivas aquí» o «Es probable que viva cerca del trabajo». Cuando aparece de forma independiente puede presentarse en formas de cortesía con el pronombre usted («Cierre la puerta, por favor»), en imperativos negativos («No vayas con esas pintas») y en frases independientes entre las que son muy comunes las que expresan deseo, que técnicamente en gramática se llaman *desiderativas* u *optativas*, del tipo «Ojalá llueva», «Que venga pronto», «Vivan los novios» o «Que lo (o la) pases bien». Formas muy fúnebres como «Que descanse en paz», «Descanse en paz» o «Que la tierra te sea leve» son en todos los casos ejemplos de esta clase de desiderativas.

Luego están las desiderativas en subjuntivo que se dicen en torno a los cementerios, aunque no se escriban tanto, del tipo «Dios lo acoja en su seno», «En gloria esté», «Dios te ayude» o «El cielo te oiga». O las que podríamos añadir nosotros viendo que, en efecto, los cementerios son tierra de subjuntivos: que *viva* el subjuntivo y que te *vaya* bonito, lector.

Guerra en el subjuntivo: *tuviera* está aplastando a *tuviese*

Si yo tuviera una escoba, ¡cuántas cosas barrería! Lo cantaban así Los Sírex en 1965 y, pese a los años que han pasado, hoy nos seguimos acordando de ese estribillo cuando queremos metafóricamente evocar todo lo que limpiaríamos de este mundo con una simbólica escoba. Pero ¿cantaríamos igualmente *si yo tuviese una escoba*? Lo dudo mucho.

Al estudiar los verbos en el colegio, aprendíamos que en español existía algo llamado *pretérito imperfecto de subjuntivo* y que ese tiempo se conjugaba como *cantara o cantase*, *bebiera o bebiese, partiera o partiese*. El *tuviera* de la canción es, pues, un imperfecto de subjuntivo y según las gramáticas y los libros de texto es intercambiable con *tuviese*. La realidad es que, pese a su equivalencia, los imperfectos acabados en –*ra* y los acabados en –*se* andan a escobazos desde hace siglos en el español y esa convivencia de las dos formas no es en absoluto pacífica ni está equilibrada.

Estamos ante eso que los filólogos estudiamos como un caso de variación. ¿Que hay dos formas en la lengua para un mismo significado? Los hablantes tenderán a imponer sus preferencias desequilibrando el paralelismo. En el español de hoy hay en general una clara inclinación por la forma en –*ra*.

Por supuesto, la canción podría entonarse como «Si yo tuviese una escoba», pero el caso es que somos más los hispanohablantes que decimos «si yo tuviera», al menos en nuestra conversación común. El asunto ha sido muy estudiado para diferentes zonas de la geografía hispanohablante y parece que en todas ellas es general ligar la forma acabada en *–se*, consciente o inconscientemente, a la lengua más formal o a la literaria. *Tuviera*, pues, está barriendo a *tuviese*.

¿Por qué tenemos dos formas para un mismo tiempo verbal? Ni en latín ni en castellano medieval era así, ya que estas dos formas eran originalmente distintas y no intercambiables entre sí. Veamos: el castellano heredó del latín un imperfecto de subjuntivo, el acabado en *–se*, *cantase* (desde CANTAVISSET, antiguo pluscuamperfecto de subjuntivo latino) y ese era el único imperfecto de subjuntivo medieval; del latín se heredó también un pluscuamperfecto de indicativo, acabado en *–ra*, *cantara* (desde CANTAVERAT) que significa 'había cantado'. En una frase como «tenía comenzada tan gran guerra como non tuviera ningún rey» (*Crónica de Alfonso XI*, siglo XIV), el verbo *tuviera* significaba 'no había tenido'. Este empleo es el que, por ejemplo, tiene la lengua gallega. El imperfecto *tuviese* y el pluscuamperfecto *tuviera* eran tiempos distintos, que vivían en casas distintas (el modo subjuntivo frente al indicativo, respectivamente).

Pero la situación cambió pronto, y fue por culpa de la forma acabada en *–ra*. Fue ella la que se metió en un terreno peligroso: el de las oraciones condicionales. Los verbos acabados en *–ra* (*tuviera, llamara, viniera*) empezaron a usarse mucho dentro de este tipo de oraciones y, cual contagio veloz de coronavirus, la terminación en *–ra* se quedó impregnada del sentido hipotético, irreal que tiene la expresión de la condicionalidad. De hecho, llegó a hacerse equivalente del tiempo condicional (hoy en zonas caribeñas y centroamericanas, y aun en el XX en algunos puntos de Andalucía, se pueden escuchar frases como *si tuviera dinero me comprara* (por compraría) *un coche*). En un proceso complejo internamente que se desarrolla en el siglo xv y está bastante consolidado en el xvi, *tuviera* empezó a usarse en contextos y frases donde antes solo se usaba la forma acabada en *–se* (*si tuviese, aunque llegase...*). Los hablantes identificaron la forma en *–ra* con la forma en *–se* y terminaron haciéndolas formas hermanas: las metieron a convivir en la misma casa. Lo mismo ocurrió para las formas compuestas: *hubiera tenido* y *hubiese tenido*.

Pero ¿son perfectamente intercambiables *tuviera* y *tuviese*? La respuesta es no: hay restos de los usos primitivos de la forma en *–ra* que no permiten que *–se* entre en su lugar: o sea, *–ra* se ha metido en la casa de *–se*, pero no ha permitido que *–se* haga lo mismo. Por ejemplo, en las frases «Debiera ser así, pero desgraciadamente es de otra forma» o «Quisiera ser tan alta como la luna», podríamos usar condicional (*debería, querría*) pero, en cambio, el imperfecto con *–se* no se emplea o es muy raro. Podemos imaginarnos a *tuviese* contemplando primero cómo llegaba a su casa la nueva inquilina *tuviera* para competir con él, y luego, cómo esa recién llegada se iba quedando con casi todas las habitaciones. Y no solo eso: al mismo tiempo *tuviera* volvió a recuperar modernamente algunos de sus sentidos primitivos, a habitar su viejo hogar; por ejemplo, frases propias del estilo periodístico y no muy elegantes como «El guion que *dirigiera* Mila ha recibido un nuevo premio» empezaron a utilizarse a imitación de como era empleada la forma en *–ra* en la Edad Media. Rescataba algo de su viejo valor sin perder los que copiaba de *–se*: una acaparadora.

Es *tuviera* la que tiene la escoba, es ella la que está barriendo a *tuviese* y nosotros, como hablantes, somos los inconscientes responsables de que esta entretenida batalla lingüística del español siga librándose a diario en esa casa tomada que es el subjuntivo. Si no tuviéramos a *tuviera*, qué aburrido que sería.

Tú contestaste que no

«Te dije: "Nena, dame un beso"; tú *contestastes* que no». El diálogo es parte de *La fuerza del destino*, canción escrita por Nacho Cano y grabada en 1988 por Mecano. Ahora, en un disco de homenaje a este grupo, se ha vuelto a grabar la canción cambiando ligeramente el original: lo que se ha cantado en la nueva versión ha sido *tú contestaste que no*, quitando esa *s* final que durante años había sido motivo de crítica lingüística. Los entusiastas del grupo madrileño, admiradores de sus melodías y de sus rimas imposibles, han despedido con algo de pena a ese «contestastes» que, pese a ser incorrecto en la norma lingüística del español, provocaba en ellos la empatía compasiva que siente un admirador hacia los errores de su ídolo.

Sin Mecano quererlo, esa forma «contestastes» era también un guiño lingüístico al propio título de la canción, un guiño que, en cambio, pocos han advertido. Sí, se trata de un error dentro de nuestra gramática, pero era casi una fuerza del destino que esa variación se diera. Veamos: todos los tiempos verbales del español, cuando se conjugan en la forma *tú*, tienen una ese al final: los presentes (*contestas*, *contestes*), el futuro (*contestarás*) y los pasados (*contestabas*, *has contestado*, *contestases*)... todos, a excepción de un tiempo del pasado: el que llamamos técnicamente «pretérito indefinido» o «pretérito perfecto simple». En ese reino de eses finales, el pretérito *tú contestaste* es una rara isla sin *s* final. Los hablantes tienden a ponerla. Tratan de crear regularidad donde no la ven.

No cambiamos las palabras por capricho y de manera anárquica. Muchas de las formas que calificamos como errores lingüísticos o como variantes no estándares han nacido profundamente motivadas; hay siempre una causa para ellas. Igual que los personajes de animación aparecen a menudo divididos al tener que elegir entre los consejos de un angelito bueno y los de un angelito malo que conviven en su cabeza, los hablantes nos enfrentamos con dos fuerzas que nos atraen y ante las que tenemos que decidirnos. El destino de una palabra, o sea, la manera en que la vamos a terminar pronunciando, está determinado por esa doble fuerza.

La primera fuerza es la del origen, la de la etimología: esta fuerza tiene mucho peso, ya que, fundamentalmente, las palabras son lo que son y tienen los sonidos que tienen por su raíz, por cómo eran allá lejos y tiempo atrás, en época latina. Cuando del pretérito perfecto latino TU CANTAVISTI decimos «tú cantaste» estamos heredando la forma latina; sí, hemos modificado el sonido perdiendo algunos elementos, pero no hemos traicionado a la etimología, a lo que correspondía por nacimiento.

La otra fuerza que orienta la evolución de una palabra y que es contraria a la etimología se llama analogía. Es la tendencia por la que intentamos que una palabra se parezca a alguien que no es de su familia de nacimiento. Seguir esta fuerza implica apartarse de la etimología, alejarse del resultado esperable y arrimar la palabra a otros vocablos con los que tiene relaciones de semejanza. Podemos querer, por ejemplo, que nuestra palabra establezca un parecido (una analogía) con su significado: cuando los hablantes convierten a la *mandarina* en «mondarina» están alejando a la fruta de su étimo (la referencia al origen asiático, mandarín, de este alimento) y lo están acercando al verbo *mondar*. *Mandarina* y *mondar* no pertenecen a la misma familia etimológica, pero hay una indudable relación entre el hecho de pelar (*mondar*) y comerse este cítrico. La tentación era muy fuerte: «mondarina» es una forma incorrecta, sí, pero no es caprichosa.

Tampoco es azaroso el *contestastes* de Mecano: si ha surgido es porque los hablantes han buscado igualar a todos los verbos conjugados con *tú* bajo palabras que acaben en *s*. En este caso, la forma etimológica (*tú cantaste*) es la que damos por correcta, pero ello no siempre ocurre. A menudo pasa lo contrario: los hablantes vemos en la analogía al angelito bueno y damos por correcta a la forma analógica.

Así ocurrió con la forma de segunda persona del plural, la de *vosotros*. Era en latín VOS CANTAVISTIS, lo que dio etimológicamente *vosotros cantastes*. Hasta al menos 1550 nuestros antepasados decían «tú cantaste» y «vosotros cantastes», sin *i*. Ambos eran los resultados etimológicos, esperables. Pero «vosotros cantastes» convivía con una familia grande, mayor a la de su étimo: la de los pretéritos conjugados en la forma *vosotros*, todos ellos acabados en diptongo con *i*: *cantáis, cantabais, cantaríais, habíais cantado. Cantastes*, sin *i*, era una excepción en ese clan y los hablantes metieron ahí una vocal dando lugar a una forma mejor integrada en su grupo. O sea, y para resumir: de fábrica, por etimología, teníamos «tú contestaste» y «vosotros contestastes» y por analogía hemos creado «tú contestastes» (a la que consideramos vulgar) y «vosotros contestasteis» (a la que consideramos correcta).

La conjugación analógica con vocal, *contestasteis*, se extendió en todo el mundo hispánico salvo en América, donde no se usa el pronombre *vosotros* sino *ustedes*. Y en las zonas americanas donde se siguió usando el pronombre *vos*, se continuó diciendo *vos cantastes*, con sentido de familiaridad y aplicándolo al singular. Si Mecano hubiera grabado *vos contestas-*

tes que no, con *vos* y no con *tú*, estaría utilizando una forma plenamente correcta, aunque incluso en esas áreas se prefiere hoy *vos contestasteis*.

En los verbos, los hablantes abrazamos con denuedo a la analogía. Nos gusta darle la espalda a los étimos de los verbos y empujarlos a que se parezcan a gente que no es de su familia; al menos en las lenguas hijas del latín somos un poco obsesivos con eso, seguramente porque las conjugaciones son muy cerradas, funcionan como modelos (los lingüistas los llamamos *paradigmas*) y queremos ordenarlas y regularlas internamente. Es la fuerza del destino de la lengua.

LA FRONDOSIDAD DEL VOCABULARIO

De todos los elementos que se reúnen para conformar este árbol de la lengua, el más tupido, espeso, denso, boscoso, exuberante y poblado es el vocabulario, donde, como se acaba de ver, es riquísima la multiplicidad de términos aparentemente sinónimos pero con diversos matices implicados. Tratar bien a nuestro árbol implica conocer y manejar cuantos elementos podamos de esa agreste fronda de palabras. En las siete narraciones que siguen, vocablos de la política, del consumo y del denuesto se unen a comunes muletillas y a nombres propios de persona y todos ellos se mezclan con esas pequeñas partes de las palabras que son los prefijos y los sufijos.

El léxico del español tiene muchas historias que contarnos, y aquí acudimos a la voz latina PARABOLA, que significaba 'símil, comparación' y que es el étimo de nuestra voz *palabra*. Recordemos, no obstante, que no todo se aprende con palabras. Lo escribió el poeta sevillano Antonio Machado:

> Las más hondas palabras
> del sabio nos enseñan
> lo que el silbar del viento cuando sopla,
> o el sonar de las aguas cuando ruedan.

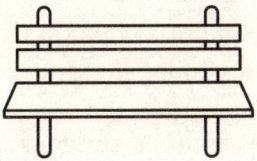

A lo que obliga el escaño

No paraba la lluvia de pájaros muertos. Era normal que el sacerdote Antonio Isabel que retrató Gabriel García Márquez en el cuento *Los funerales de la Mamá Grande* se sintiera entre desolado y sorprendido por tal hecho del cielo. Por eso, «sentado en el escaño de la estación trataba de recordar si había lluvia de pájaros muertos en el Apocalipsis, pero lo había olvidado por completo». En el mundo de fantasía posible que es la ficción de García Márquez, ese cura viejo que está sobrepasado puede representarnos a nosotros mismos cuando algo nos supera: nos paramos un momento, nos sentamos a reflexionar. Y para eso, en el mundo del premio Nobel colombiano, estaba el escaño.

Escaños para sentarse hay de sobra en la literatura española: en el *Poema de mio Cid*, un «escaño torñino», o sea, 'torneado', es el lugar donde se sienta el propio Campeador y bajo un escaño se escondían en el viejo poema los yernos del Cid, los cobardicas infantes de Carrión, queriendo escaparse del león. Hasta el siglo XIX, el escaño era un mueble común en las casas españolas: un asiento con capacidad para tres o cuatro personas, que se colocaba frecuentemente en la cocina y servía para estar junto a otros al calor de la lumbre. Era un significado heredado del latín SCAMNUM, que mantuvo su continuidad hasta que el gusto por asientos más mullidos y blandos terminó arrinconando a esos muebles tan comunes en los inventarios y ajuares de otro tiempo. Desde el siglo XIX desciende el uso de la palabra al tiempo que cambia la decoración y va creciendo el empleo de otra palabra, *banco*, de historia más reciente.

Pero no son estos escaños antiguos de los que hablan las noticias. En vísperas de elecciones, la palabra *escaño* vuelve a hacerse común en nuestro vocabulario y aún sonará más en la noche del recuento. Nuestros votos se convertirán en esos asientos llamados *escaños* que ocuparán los políticos de las listas más votadas. Y aun cuando ya en España los asientos en las dos cámaras no sean propiamente escaños, como lo eran en los antiguos concejos, sino cómodos asientos con ruedas, seguiremos nombrándolos con el vocablo que originalmente tuvieron. Tal vez, días más tarde, empecemos a hablar de los parlamentarios y no tanto de los escaños que han logrado.

Pero un escaño es una realidad demasiado relevante como para convertirla en un símbolo vacío que simplemente equivale a la persona que lo ocupa. Esa palabra nos resume a nosotros como ciudadanos de una democracia: en una minúscula proporción, una parte de todo escaño es de cada votante que introduce su voto en la urna. Por eso, y tirando de lo que una palabra nos puede decir de sí misma y de su vividura, podemos resumir la suma de deberes de quienes nos representan.

Ha de recordar quien ocupe un escaño que ese asiento se pensó para varios, que estaba pensado para compartir, para trabajar codo con codo. Los anunciados y nunca logrados acuerdos de Estado en materias muy sensibles (inevitablemente pienso en el desconcierto de las leyes de educación) solo se logran si quienes ocupan un escaño empiezan a pensar que su asiento individual es, por etimología de la palabra pero sobre todo por lo que implica ser político, un asiento para compartir; que si hablamos de *escaño* es porque quien tiene un asiento en las Cortes Generales no ha de comportarse como sentado en poltrona o en silla individual, sino en el puesto que nuestros hablantes de otro tiempo usaron para compartir ideas ante el fuego. El viejo refrán español «Alguno está en el escaño, que a sí no aprovecha y a otro hace daño» condenaba precisamente esa mala utilización del escaño y ponía con justeza al asiento por encima de la persona.

Y, sí, claro que hay usos no individualistas y agrupados en los escaños: los de esas sumas sin fisuras que son a menudo los grupos parlamentarios, donde es un héroe suicida el que se atreve a declararse en contra de lo que dice su líder o aun siquiera a matizarlo. Y otro escaño nos ilustra de un comportamiento ejemplarizante al respecto: en la batalla de Trafalgar (1805), tan penosa y dura para el ejército español, el militar Antonio de Escaño se opuso, lamentablemente sin éxito, a que los españoles entraran en combate contra la armada británica de Nelson que bloqueaba la costa gaditana. Escaño se jugó el puesto no aplaudiendo la decisión de sus superiores y no se equivocó en la predicción. Un escaño no habría de anular la capacidad de pensamiento autónomo de quien lo ocupa.

Tan comunes eran, en fin, los escaños que dejaron su huella en otros ámbitos del idioma. La toponimia española tiene un pueblo llamado Escaño en Burgos y otro en Jaén llamado Escañuela. También sus habitantes (solo cuatro en el municipio burgalés y casi un millar en el de la campiña jiennense) son responsables de la asignación de los asientos en Congreso y Senado y merecen la atención que pocas veces en medios y en política se presta a la España más silenciosa, la que, calladamente y simplemente mirando qué significa la palabra *escaño*, sería capaz de entender a qué obliga ocupar uno. Antes de ocuparlo, siéntate a reflexionar.

Las peores palabras del español

En las votaciones organizadas periódicamente para determinar cuáles son para los hablantes las mejores palabras del español, brillan en los primeros puestos las que lo son por su significado (*libertad*, *belleza*) o por su forma (*lapislázuli*, *arrebol*...). Raras veces, en cambio, se atiende a las peores palabras del español, esas que usamos porque designan a lo que despreciamos. ¿De dónde han salido esas palabras del español para calificar a lo peor?

Tenemos, claro está, los vocablos que propiamente y desde sus orígenes significaban lo peor. Del latín PEIOR heredamos *peor* y también al hijo de peor, *pésimo*, que es en realidad un superlativo derivado de PEIOR pero con terminación –ISSIMUS (algo así como 'peorísimo'). Junto a estas formas que eran vocablos desde su nacimiento para lo peor, las lenguas hijas del latín han ido introduciendo nuevas palabras. Lo habitual es que partamos de un ámbito de la realidad (técnicamente, en lingüística lo llamaríamos «dominio fuente») que resulta concreto, material y asociado a una experiencia física, y que desde ese campo, en un viaje metafórico, traslademos estas palabras y las apliquemos a un dominio nuevo (lo que llamamos «dominio meta»; en este caso el dominio meta sería la expresión de lo poco estimable, de lo poco valorado).

Están las palabras que vienen del ámbito de la naturaleza, y que por mar o por tierra hemos trasladado para hablar de lo peor más genéricamente. Desde el dominio fuente del mar vino la *morralla*. Era y es el pescado pequeño que se queda al fondo de la red, que no era el buscado al pescar y que carece de valor para su venta. Viene de la misma raíz que *morro* y, aunque hoy se sigue usando con su sentido original, ha vivido una de esas extensiones metafóricas a la que nos referíamos. De denominar al pez ha pasado a aludir a otros elementos, como el dinero (la moneda pequeña que nos queda al fondo de la cartera es *morralla*) o las personas. Basta bucear por el uso lingüístico para encontrar quien llama *morralla* al jugador que nadie quiere fichar, al artista que sirve para rellenar un cartel donde hay ya protagonistas o a quien se considera de peor estatus social o económico.

Si del mar sale la *morralla*, de la piedra sale el *detrito*, una palabra relativamente nueva del español (no se extiende hasta el siglo XIX) que proviene del latín DETRITUS (literalmente, la acción de sacar algo restregando, desgastando) y que tenía un significado muy técnico y concreto. El detrito o detritus es en geología lo que sale de la descomposición de algún sólido en partes pequeñas; cuando una piedra, por ejemplo a través de la erosión, se va gastando, lo que suelta es material detrítico. Por extensión, llamar hoy a algo detrito, aunque sea una masa compacta que nos aleje de su sentido original, es calificarlo como parte de lo peor. La palabra *rehús* viene de *rehusar* y alberga la misma idea latente: lo que sobra del núcleo es malo y nadie quiere el desecho. En buena parte de Andalucía, ese rehús es «rejú» por aspiración de la hache.

Un amplísimo grupo de palabras para lo peor salió de la comida. En un país que se precia de cocinar y comer bien, se han generado varios vocablos que denigran al producto mal cocinado o con malos ingredientes; y de ese dominio los usos se han extendido de la cocina hacia fuera. Así, de la olla salió el *bodrio*, que era originalmente una sopa con verdura, legumbre, pan y escasa carne que se daba a los pedigüeños en los conventos; se hablaba de «cazuela de bodrio». Ese guiso poco enriquecido terminó dando nombre a las cosas con argumentos mal estructurados (*un bodrio de película, un bodrio de libro*). Igualmente, del italiano *bazzofia* (comida grosera, poco refinada) el castellano adaptó *bazofia*, que en el primer diccionario de la Real Academia Española era voz definida como 'las heces, o la porción dañada y corrompida de cualquier cosa, y más determinadamente de cosas comestibles'.

Metafóricamente, los lugares mal situados (los que están por debajo) son también fuente para lo peor. Si decimos que algo tiene 'calidad ínfima' usamos un derivado del latín INFIMUS (literalmente 'lo que está más abajo de todo') que deriva de INFERNUM ('infierno'), de donde también viene la palabra *inferior*. Si del cielo (arriba) derivamos cosas buenas como las que consideramos divinas o celestiales, del infierno (abajo) solo derivamos lo malo. De un lugar mal atendido o sucio también hacemos extensiones metafóricas: una *porquería* era, en origen, un lugar o una práctica de puercos.

Como vemos, las lenguas enriquecen su conjunto de palabras para lo peor a través de empleos metafóricos en que un elemento que designaba concretamente a un proceso mal desarrollado, mal situado o excedente de un producto se termina extendiendo en su uso para aludir a cualquier cosa o persona con poca valía. Igual que para valorar extremadamente algo no paramos de inventar cosas (desde el actual *bueno no, lo siguiente* al *requetebueno* que se usaba antes), para minusvalorarlo sacamos lo mejor de nuestra capacidad metafórica. Lo más creativo de la lengua al servicio de nuestras miserias. Lo mejor de la lengua se ve también en lo peor.

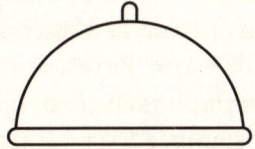

¿Por qué el nombre *Ambrosio* nos suena a mayordomo?

Llevaba una pamela amarilla y un traje de chaqueta del mismo color. Iba montada en el asiento trasero de un cochazo de lujo y no llevaba puesto el cinturón de seguridad. Era la señora que decía a su chófer: «Ambrosio, desearía tomar algo». Se trataba de un anuncio de bombones que se empezó a emitir en el año 1993, y que seguramente sea el responsable de que desde entonces el nombre masculino *Ambrosio* nos suene a mayordomo y chófer.

El Instituto Nacional de Estadística (INE) nos da periódicamente las listas de los nombres más usados para llamar a los recién nacidos españoles. En cambio, pertenece al saber popular algo que difícilmente el INE podría rescatar: qué evocaciones subjetivas nos despiertan determinados nombres, o sea, por qué *Ambrosio* nos suena a mayordomo o *Borja* a pijo. La parte de la lingüística que se encarga de estudiar los significados de las palabras (la semántica) diferencia de forma básica lo que una palabra denota (su definición objetiva) y lo que connota (los valores subjetivos que están unidos a este término y extienden su significado). Pues bien, los nombres de pila se nos llenan fácilmente de connotaciones.

Esto es bien curioso, ya que los nombres propios de persona tienen entre sus características principales justamente la de perder su significado, su género y su número originales. O sea, una mujer puede llamarse *Amparo*, aunque el nombre derive del sustantivo *amparo* (desde la Virgen del Amparo), que es masculino, o puede llamarse *Reyes*, aunque el nombre vaya en plural. Pero así como pierden rasgos, los nombres propios también ganan otros significados en forma de connotaciones.

¿Por qué razón asociamos una connotación a un determinado nombre? A veces son personales: que tu jefe se llame Martín y sea odioso puede influir en que no te guste ese nombre. Pero, más allá de lo individual, hay razones colectivas, y un elemento clave para que surjan es la rareza del nombre. Lo infrecuente puede resultarnos exótico si es reciente (pasa con el moderno nombre de *Abril* para niña) o viejuno si es antiguo (*Salustio*, *Robustiana*): asociaríamos *Abril* a una chica joven y *Gertrudis* a una señora mayor de 60 años. Pero esas ideas socialmente extendidas son cambiantes con el tiempo, ya que los nombres personales o antropónimos están fuertemente sujetos a moda, y lo que hoy es raro pudo estar en la cresta de la ola ayer.

Por ejemplo, en el siglo XVI se renovó buena parte de la antroponimia española: empezaron a sonar antiguos nombres masculinos como *Gutierre* o *Garci* y comenzaron a perderse nombres femeninos como *Aldonza*, *Mencía* o *Violante*, reemplazadas por *Ana*, *Luisa* o *Francisca*. La mujer a la que admira y ama en la distancia don Quijote es una labriega de nombre Aldonza porque Cervantes quería evocar en sus lectores la imagen de una aldeana rústica y poco refinada; por eso, don Quijote decide que la llamará Dulcinea porque le suena más a nombre de princesa. De hecho, en esa época circulaba la frase «Aldonza, con perdón», que se decía para pedir excusas por nombrar alguna palabra que sonaba muy rústica.

Aunque es difícil documentar los matices que antiguamente una sociedad asignaba a un nombre, los refranes nos dan buenas pistas para andar el camino. Por ejemplo, *Sancho* era en el siglo XVII nombre de buena persona, de alguien sensato, prudente y poco conflictivo; el refrán «Al buen callar llaman Sancho, al bueno bueno, Sancho Martínez» nos confirma que esa asociación existía. *Juan*, nombre que hoy circula sin particular connotación en español, evocaba hasta el siglo XVII a alguien simple y con facilidad para caer en un engaño: «Ser un buen Juan» era aún en el siglo XVIII la forma de aludir a alguien de carácter muy dócil, y hoy seguimos llamando «Juan Lanas» al que se presta a todo lo que quieran hacer de él. Por su parte, el nombre *Rodrigo* se asociaba a la valentía, la pelea y el arrojo más testarudos; dos refranes que hoy ya no circulan dan testimonio de esa antigua evocación: «Pera que dice Rodrigo, no vale un higo» y «Quien dijo Rodrigo dijo ruido».

Igual que la connotación cambia con el tiempo, cambia también con los lugares. En general, las evocaciones están asociadas a la cultura común de una lengua y de unos hablantes, por eso difícilmente se encuentran coincidencias entre idiomas. El nombre *Mónica*, que en España no tiene ninguna evocación generalizada, es en francés *Monique*, pero allí suena a abuela, a nombre de una generación antigua. Otros nombres españoles tienen en Francia evocaciones distintas a las que tienen en España: *Jesús*, tan común en España, en Francia suscita la misma extrañeza que nos causaría en España saber que alguien se llama *Jesucristo*; *David* es un nombre frecuente en francés, pero lo suelen tener hombres de religión judía. La lengua, en fin, confirma la predicción poética del autor granadino Andrés Neuman: «Algunas cosas hacen ruidos equivocados: problemas de doblaje con el mundo». Es difícil doblar las connotaciones de un nombre de un mundo lingüístico a otro.

Por cierto, parece que *Ambrosio* como nombre está en recesión: hay 2.569 Ambrosios en España y su edad media es superior a los 65,5 años. El chófer del anuncio bien podría ser originario de Cáceres, Salamanca, Zamora, Albacete o Ciudad Real, provincias donde el nombre es más común. En cuanto al nombre de *Ambrosia*, eres afortunado si conoces a alguna, porque solo hay 503 mujeres llamadas así en España, la mayoría residentes en Toledo, Cuenca y Ciudad Real. El nombre *Ambrosio* proviene del griego ÁMBROTOS (ἄμβροτος), que significaba 'inmortal' o 'divino' y se extendió en Occidente por san Ambrosio, obispo de Milán del siglo IV que convenció al emperador Teodosio I de que prohibiese, por paganos, los Juegos Olímpicos.

O sea, la de muletillas que usamos, ¿sabes?

En plan, o sea, digamos, este, en verdad, sí o qué, tú sabes, hombre... ¿Cuál es tu muletilla? Las hay compartidas por todos los hablantes del español (como *mira* o *bueno*); las hay especializadas por zonas (*este*, en el español americano mucho más frecuente que en el español europeo) y algunas son propias de una edad (como el desarrollo reciente de *en plan* que veremos en otro capítulo de este libro); pero, de un tipo u otro, usamos estas expresiones a diario.

Llamamos coloquialmente a esas expresiones *muletillas* porque nos apoyamos en ellas, igual que el que se ayuda de un bastón o muleta o se auxilia de algún instrumento para poder seguir andando. Como si la conversación fuese un camino que transitamos, las muletillas nos sirven para sostenernos al hablar y orientan a nuestro interlocutor sobre nuestra actitud ante lo que estamos diciendo o para corregirnos («He llegado a las siete, *bueno*, a las siete pasadas»). Usar esta clase de formas no es un recurso nuevo ni reciente en nuestro idioma. Palabras con valor de apoyo o de apelación al oyente han existido desde antiguo, aunque nuestros antepasados las llamaban de otra forma. Partiendo del nombre *bordón* (que significa 'bastón alto en que apoyarse'), antiguamente eran denominadas *bordones* o *bordoncillos*. En los siglos XVI y XVII eran muletillas o bordones frases como *bien me entiendes, ya digo, sepa vuestra merced...* y causaban tanto fastidio como ahora a los que prescribían cómo se debía hablar. En su *Diálogo de la lengua* de 1535, Juan de Valdés criticaba los «bordones de necios» y entre ellos subrayaba el abominable uso que algunos hacían de *¿entendeisme?* cuando «no les viene a la memoria el vocablo tan presto como sería menester y os lo dicen muchas veces sin haber cosa que importe entenderla».

Todos tenemos una muletilla que repetimos más que otras, aunque esa querencia nos es más fácil verla en los demás que en nosotros mismos. Cuando los imitadores caracterizan a un personaje, tiran de muletillas para evocarlo: los expresidentes del Gobierno español Felipe González y José M.ª Aznar eran imitados con *por consiguiente* y *mi(re) usted*, respectivamente.

Técnicamente estas palabras no se llaman muletillas; en las gramáticas del español moderno se conocen como *marcadores discursivos* y suelen tener etiquetas específicas según su significado: los hay de reacción (*hombre, mujer, tío*), de atenuación (*bueno, yo diría, es como muy...*) o de demanda (*¿me entiendes?, ¿oyes?*), entre otras denominaciones. A diferencia de los verbos, los adjetivos, los sustantivos y otras partes clásicas de la gramática que se estudian mucho y muy bien en las escuelas, los marcadores suelen recibir una atención más bien marginal en los libros de texto escolares y, aunque en los últimos años los lingüistas los hemos empezado a estudiar con detalle y hay incluso diccionarios específicos dedicados a ellos, los marcadores siguen siendo considerados los elementos más raros e inclasificables de cualquier lengua. De hecho, entre las cosas más difíciles de aprender si estudias un segundo idioma están estas partículas o marcadores discursivos.

Esa rareza o marginalidad tiene que ver en parte con su significado poco explícito: todos sabemos lo que significa *hombre*, pero cuando un profesor dice a su grupo de estudiantes

«Callaos, hombre ya», usa *hombre* en singular para aludir a un grupo plural; algo parecido ocurre si, hablando justamente con una mujer, le pedimos: «Hombre, no me digas eso». Cuando una palabra se mete en el peligroso camino de trabajar como marcador discursivo suspende su significado habitual y se hace invariable en género y número. Pero es que, además, ese camino está siendo iniciado constantemente por palabras nuevas, por lo que es difícil hacer un repertorio cerrado de marcadores de nuestra lengua. Así como hay marcadores que lo fueron ayer y hoy (el *entendeisme* que criticaba Valdés en el XVI es el hermano del airado *¿me entiendes?* con el que tapa bocas Belén Esteban), otros han iniciado su camino en fecha tan reciente que podemos recorrer su historia simplemente hurgando en la memoria de nuestros mayores. La forma *o sea* se ha usado históricamente en español para reformular algo («No quedan plazas para estudiar italiano, o sea, se ha llenado ya ese curso»), pero en el siglo XX se empezó a utilizar a final de frase para situarse ante lo dicho, reforzándolo o suavizándolo: «Luis me ha dejado por teléfono. Es un impresentable, o sea». Es un uso que iniciaron los hablantes nacidos en la segunda mitad del siglo XX. Similar es lo ocurrido en el español de España desde los años 80 con la palabra *venga* para ir acabando una charla o cerrar un acuerdo. Este segundo uso se ha desarrollado recientemente, de hecho hablantes de español ausentes un tiempo del país lo vieron como insólito cuando a su vuelta se toparon con ese nuevo valor de *venga*.

Usar estas expresiones no es correcto ni incorrecto en sí mismo: censurar esta clase de palabras o desaprobar su uso sería como reprochar que usemos verbos, adjetivos o un sonido concreto, o como prohibir que utilizáramos en las conversaciones los típicos elementos de apoyo (*eh*, *umm*). Sí es lógico recomendar que en determinados ámbitos nos esmeremos en no abusar de ellas. Como ya sabemos, la lengua es un edificio y manejarla es recorrer con soltura todas las plantas posibles.

Pues bien, hay plantas en que determinados marcadores o el uso constante de ellos puede resultar disonante. Conque, bueno, pues eso es lo que quería explicar de las muletillas y tal. Digamos que voy terminando, tú me entiendes, ¿no?

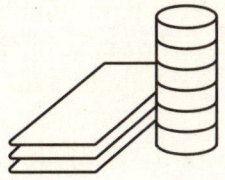

¿*Black Friday* o *Viernes negro*?

Las rebajas te llaman y la publicidad ha conseguido convencerte: hay que comprar aprovechando ese llamado *Black Friday* o *Viernes negro*. Si estás dispuesto a cortar el viento con tu tarjeta de crédito en los próximos días, al menos entérate de todo lo que se esconde bajo esas expresiones. Considera estas cuatro cuestiones lingüísticas:

1. Si no te importa, hispaniza el viernes. El origen del *Black Friday* es estadounidense. Se celebra siempre el día posterior a Acción de Gracias (que cae el cuarto jueves de noviembre), cuando se hacen rebajas especiales para incentivar la compra de regalos con la vista en las Navidades. Pero, pese a su origen en la lengua inglesa, nada nos impide hispanizar el vocablo y decir en español *Viernes negro* en lugar de *Black Friday*. Al fin y al cabo, además de traducir, estamos hablando de un mismo origen, ya que el viernes (DIES VENERIS en latín) era originariamente el día dedicado a Venus, diosa del amor, y el *Friday* inglés reproduce esa veneración (*Frīgedæg* o 'día dedicado a la diosa Frigg', que daba nombre al planeta Venus). Si estás en México, tienes una versión propia que te exime de tra-

ducir: el *Buen Fin*; aunque no corresponda exactamente en fecha, sí lo hace en propósito comercial con el evento de los estadounidenses.
2. El viernes es negro solo para tu bolsillo. Dicen que el uso de la expresión *Black Friday* se inició en la jerga profesional de los policías para aludir a los atascos que provocaba la masiva afluencia de coches por las calles de Filadelfia en el día posterior a Acción de Gracias. Pero aplicarlo a este evento comercial es chocante, ya que poco tiene de siniestro o negro en sí mismo que te compres por fin tu último capricho. De hecho, como en español llamar *negro* a un día evoca una tragedia o un mal final, se ha propuesto reemplazar *Viernes negro* por «viernes de descuentos», «viernes de compras» o «viernes feliz». Eso nos evitaría alinear al Viernes negro con otros días de la semana infaustos y justamente calificados de negros en los libros de historia, como el *lunes negro* dublinés de 1209 (que recuerda la masacre que un clan galés practicó sobre un grupo de colonos de Bristol), el *martes negro* (día del ataque terrorista a las Torres Gemelas), el *miércoles negro* (16 de septiembre de 1992, cuando el Gobierno británico sacó a la libra esterlina del Mecanismo Europeo de Cambio debido a su devaluación), el *jueves negro* (24 de octubre de 1929, cuando cayó masivamente la Bolsa de Nueva York y se dio por iniciada la Gran Depresión), el *sábado negro* (o 29 de junio de 1946, por las detenciones de judíos ocurridas en el Mandato británico de Palestina) y el *domingo negro* (que conocemos por la película del mismo nombre que narra los atentados de Múnich de 1972 contra el equipo olímpico de Israel).
3. Hispaniza también el lunes. El origen del *Cyber Monday* (o lunes siguiente al viernes negro) está también en los Estados Unidos, donde al menos desde 2005 se da la explotación comercial del lunes después de Acción de Gracias,

cuando las rebajas se trasladan a los portales virtuales de compras. Aquí también debemos optar por hispanizar y decir *ciberlunes*, adaptando el elemento CYBER con i latina y escribiendo el resultado en una sola palabra, como escribíamos *cibercafé* (cuando los cibercafés existían) o como escribimos ahora *cibertienda*, *cibernauta*, *ciberespacio* o *ciberestafa*. El elemento compositivo *cíber* deriva del griego KIBERNETES (κυβερνήτης), que significaba 'timonel', 'piloto del barco', y se usó con traslación metafórica para aludir al estadista que gobierna (así hace Platón y tras él aisladamente algún pensador). El significado que le damos hoy viene por otra vía y con distinto sentido: se trata de un acortamiento de la palabra inglesa *cybernetic*, que designaba a la ciencia relativa a redes informáticas y automatizadas. El matemático Norbert Wiener (1894-1964) le dio por primera vez este valor en 1948, cuando investigaba sobre la automatización de funciones que podían asumir los robots.

4. Ponte etimológico. También tiene sentido que atendamos al núcleo último del significado de las palabras que hemos importado para nombrar al Black Friday y al Cyber Monday. La misma raíz griega que alimenta al elemento *cíber* que usamos para componer el *ciberlunes* está en el origen de la palabra GUBERNARE, que el latín adaptó desde el griego y de la que viene el verbo castellano *gobernar*, usado desde los orígenes de nuestro idioma sobre todo dentro del lenguaje de la marinería. Y, por otra parte, la raíz de *lunes* está en el DIES LUNAE de los romanos o 'día de la luna'. Así que, gobiérnate con serenidad en el proceloso mar que te empuja a comprar. Al fin y al cabo, mirar la luna, gran placer estático de la vida, es gratis.

Tenemos que hablar de tus ex

Cuando se acaban las vacaciones se acaban también muchas parejitas que aún se querían en época laborable. El retorno a la rutina es la época de despedida de los efímeros amores vacacionales. Por eso, ahora que muchos novios y rollos se convierten en ex, preparo al lector para hablar del tema con toda propiedad. Aquí siguen mis pistas.

¿Para qué sirve *ex*? Con solo dos letras, *ex* es capaz de evocar algo pasado; habitualmente se anticipa a nombres de parentesco y a responsabilidades laborales o sociales para dejarnos todo un catálogo de gente que fue algo y ya no es: tu *exnovio*, mi *exjefa*, nuestros *excompañeros*, los *exministros*, aquellos *exvecinos*. En general, *ex* es un prefijo muy humano, ya que no se une normalmente a aquello que no es animado (hablamos de las «antiguas normas» o de un «antiguo cuartel» que se ha convertido en colegio, pero no de un *excuartel* o de las *exnormas*). En todos los casos, *ex* se pone delante, como prefijo que es, para adherirse a la palabra que le sigue. Hay otra forma de usar *ex*; puedes quitarlo de la palabra a la que pegajosamente se adhiere y usarlo como elemento plenamente independiente. Es el *ex* que funciona como sustantivo en frases como «No me hablo con mi ex» o «He visto a tu ex» y que no admite que se le añada la ese del plural (*mis ex*, en plural, tienen las mismas dos letras que *mi ex*). En esos casos de uso independiente, *ex* siempre evoca una relación sentimental previa ya finalizada.

¿De dónde sale *ex*? Lo del origen tiene su gracia porque *ex* es, gramaticalmente, una «expreposición». Proviene de la preposición latina EX, que significaba 'desde dentro', 'desde el interior'. En castellano se ha heredado en voces donde es completamente separable como *excomulgar* o *exculpar* (de las que existen las voces *comulgar* y *culpar*), pero también hemos adoptado *ex* como forma incorporada en palabras como *exhumar* o *exhibir* (donde es parte inseparable de la palabra). Hay veces en que la soldadura de *ex* a la palabra que sigue es tan fuerte que no reconocemos el prefijo, porque la equis de *ex* ha sido absorbida por la palabra a la que se antepone; por ejemplo, hubo *ex* en el origen de *evaporar* y no es fácilmente reconocible, o en el de *escoger* (EXCOLLIGERE), donde la equis se ha pasado a ese. Escondidos por la lengua, hay muchos ex sueltos.

Los ex de la lengua no son tan separables como los de la vida real. Aunque *ex* signifique precisamente 'separación', se escribe en general sin separación de la palabra a la que acompaña. Igual que nos referimos al perro *semihundido* que pintó Goya, a una situación *prebélica*, a una voz de *ultratumba* o a un *macroescándalo* (escribiendo *semi*, *pre*, *ultra* o *macro* todo junto), generalmente escribimos el prefijo *ex* unido a la palabra a la que acompaña. Esto es una novedad relativamente reciente en la norma gráfica del español (introducida por la última *Ortografía* de la RAE, de 2010, y aún no incluida en obras anteriores). No se pone guion ni se deja espacio en medio, salvo en casos muy concretos: cuando sigue una palabra que va en mayúscula (en ese caso ponemos guion: *ex-Rolling*) o cuando *ex* se aplica a una cadena de palabras que funciona como grupo con significado unitario (*ex relaciones públicas*, *ex alto cargo*). O sea, hablamos de un *exnovio* (junto) y escribimos separado *ex primer ministro*. Por frecuencia, gana el número de veces que *ex* se adhiere a la palabra que sigue: no es tan fácil alejarse de un ex, no.

Igual que llevarse bien con una expareja no tiene por qué ser fácil, hay también una parte delicada en esto de la ortografía de los ex. Las desavenencias han surgido en dos matrimonios particularmente conflictivos: cuando *ex* se une a una palabra con equis y cuando se une a una palabra que empieza por ese. Si antes tocabas el xilófono en la orquesta y ahora ya no lo tocas, entonces eres *exilofonista* (o sea, la suma de *ex* + *xilofonista*). Y casos similares se dan cuando se une *ex* a una palabra que empieza con ese: el que ya no ejerce como secretario es *exsecretario*. Esto puede llamarnos la atención, ya que la equis en español suena /ks/; de hecho, el escritor y académico Javier Marías se pronunció en 2011 contra la escritura de formas recomendadas por la RAE como *exsuegro*. En cualquier caso, y como ya sabemos, hay siempre una distancia entre lo que pronunciamos y cómo lo escribimos; sucede en todas las ortografías del mundo y a veces es difícil llegar a un acuerdo que a todos convenza. El tiempo dirá si la propuesta de escribir *ex* uniéndolo en casi todos los casos a lo que sigue termina siendo la más aceptada por los usuarios del español.

El prefijo *ex*, en fin, va por la lengua avisando de que casi todas las relaciones humanas (amorosas, laborales, sociales) que establecemos pueden un día rasgarse para generar un ex que pertenece al pasado en nuestra realidad y al presente en nuestro recuerdo. Pero, ya que tenemos dominado a este prefijo de dos letras, extraigamos al ex del recuerdo y miremos lo que tenemos por delante. Lo avisó la Biblia y lo poetizó el autor cordobés Pablo García Baena: *el inútil retorno talla de sales duras la mirada al pasado*. Duelen menos los ex de la lengua que los de la vida real.

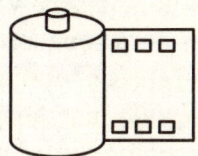

Una cosita que revela tu origen: el diminutivo

Más allá de que tu carné de identidad muestre el lugar de donde vienes y el sitio donde vives, tu forma de hablar puede revelar muchos datos de tu procedencia, y no solo a través de la forma de pronunciar o la entonación: hay otros indicios que pueden descubrirte como oriundo de una zona concreta de la superficie hispanohablante. Una pista inequívoca la ofrecen los diminutivos, esas cositas (en gramática, sufijos) que se añaden a las palabras para cambiar significados y añadir connotaciones. Hay muchos disponibles en español: el más común es *–ito* / *–ita* (*casita*, *llavecita*), también el que menos marca; pero con él conviven muchos otros que sí son claros signos de pertenencia al habla de una zona específica.

La primera pista la da la mera elección de qué sufijo utilizamos: con una frase como «El hermanuco de Leo y Julia va a nacer en febrero» te estás mostrando como proveniente de Cantabria, más conocida como «La Tierruca». Si dices que «El muchachino de Carmen se llamará Mateo», entonces, querido lector, eres occidental, como lo es el sufijo *–in(o)* / *–ina*: asturiano, leonés, extremeño o de la preciosa sierra de Huelva. Si le mandas *besiños* al bebé recién nacido, probablemente seas de Galicia y tengas este diminutivo por influencia de tu lengua gallega. Si dices que es un crío *muy bonico*, estarías revelándote como usuario del diminutivo en *–ico* que usan los hablantes de las áreas andina, caribeña y centroamericana o, en el español de España, los de la zona este (Aragón, La Mancha, zona oriental andaluza, si eres de Murcia incluso con *–iquio*...). Si afirmas que es un *chiquillo* muy guapo y que sale a su madre, estás empleando el sufijo *–illo*, el más general en el español hasta el siglo XVIII, pero que hoy solo conserva cierta vitalidad en el español de Andalucía.

Sí: por el humo de los diminutivos se sabe de dónde es el fuego. Y no solo por los propios diminutivos, sino también por la forma de construir con ellos: otra pista está en qué tipo de palabras escogemos para colocar delante de un diminutivo. Aunque «despacito» se diga a ambos lados del Atlántico, en el español americano se ponen diminutivos en muchos más adverbios que en el español de Europa, desde el famoso *ahorita* hasta *despuesito*. Y una tercera pista está en cómo juntamos a la palabra con el diminutivo, si directamente o no. Estas terminaciones se pueden añadir directamente al adjetivo al que complementan (*mesita*) o utilizar una especie de puente de enlace entre la palabra y el diminutivo, por ejemplo, ponerle al pie un enlace (técnicamente se llama «interfijo») y decir *pie-cec-ito*. Pues bien, es común que el español de España emplee más esos enlaces que el americano. Los *viejecitos* de España son *viejitos* en América y las *fiestitas* de México son *fiestecitas* en España.

No valen para sacar pistas las palabras que tienen diminutivos escondiditos y que ya no percibimos como algo minorizado. Cuando pones *oreja* a algo, usas la herencia del diminutivo en –ICULU (AURICULA > *oreja*) que era tan común en latín; al utilizar un *pañuelo*, estás agarrando también un diminutivo de *paño* (sufijo *–uelo*); cuando te alivias con un *abanico*, llevas en las manos también a un sufijo en *–ico*; si guardas esa antigüedad que es un *carrete* de fotos, tienes a un sufijo en *–ete*...

Hay, en fin, muchas palabras que en su momento se entendieron como la suma de una voz con un diminutivo pero en las que hoy el diminutivo ya no se reconoce. Técnicamente se llaman lexicalizaciones, o, de forma más facilita (o facilica) «palabras opacas». Frente a ellas, palabras como *papelito*, *mesita* o *plantica* tienen para los hablantes un diminutivo bien reconocible, por eso las podemos llamar palabras «transparentes» con diminutivos.

¿Para qué usamos estos diminutivos? Se supone que para achicar o aminorar una realidad: una escuelita es más pequeña que una escuela, y su puertecita será más chica que una mera puerta; también pueden intensificar: estar solito esconde más soledad y tristeza que meramente estar solo. Pero lo cierto es que junto con esa interpretación de tamaño o intensidad habitan muchas otras que van desde la atenuación más bienintencionada y pía al escarnio más vil. Y todo, como casi siempre en las lenguas, depende del contexto. Contestar a la pregunta de un turista diciendo que algo está «lejillos» no acerca el lugar por el que te preguntan (que está donde el diablo perdió el poncho), pero te aproxima empáticamente al visitante; afirmar que tu pareja tras las navidades se ha puesto «gordito», y no gordo, no es tampoco cuestión de volumetría, sino de atenuación: él ha comido los mismos kilos de mantecados con o sin diminutivo. Esto tiene también un reverso oscuro, y es el del diminutivo que insulta o veja: es ningunear a nuestra jefa llamarla «jefecilla» y no tienes mucha fe en nuestro éxito en Eurovisión si dices que España concursa con una «cancioncilla». Los diminutivos, en fin, no siempre hablan de magnitudes, y muy frecuentemente ponerle una de estas terminaciones a una palabra no la empequeñece en tamaño sino en relevancia.

Un carro se pone al paso de don Quijote; quien lo conduce pide al héroe que se aparte del camino y avisa al de la Mancha de que porta en el carro dos bravos leones enjaulados, voraces por no haber comido. ¡Mejor apartarse que provocar a los animales! Responde don Quijote: «¿Leoncitos a mí? ¿A mí leoncitos, y a tales horas?». El «leoncito» da la pista definitiva de cómo es el más simbólico y machadiano de los españolitos: inconsciente, valentón y agudísimo al hablar. No, por supuesto que no: manejar los diminutivos no es cosa chica.

SEMILLAS QUE CRECEN

La forma en que adquirimos una lengua (o varias) cuando somos críos, la forma en que aprendemos conceptos lingüísticos en la escuela, esa pesadilla que es el acoso escolar, la carrera que elegimos y cómo pesan cuestiones de mercado en esa elección, tu forma de hablar si eres joven o cuando eras joven... Este capítulo trata en cinco textos varias cuestiones sobre la lengua en las aulas o entre quienes acuden a ellas. Todo árbol tiene sus semillas en la base, que germinan con el apoyo de elementos externos que influyen en ese crecimiento, exactamente igual que las lenguas.

La palabra que reúne a estas semillas que crecen es *pizarra*, una voz que deriva del vasco y que ha convivido en español con la más restringida *encerado*.

Siento que hablo por primera vez

¿Cómo nos sentimos la primera vez que hablamos? Es imposible recordarlo, pero podemos hacernos una idea si recorremos el proceso de adquisición de una lengua. Partamos de una diferencia terminológica básica: la lengua materna se adquiere, las segundas lenguas se aprenden; lo de hablar lo adquirimos de bebés, pero a escribir aprendimos en el colegio. Es una distinción fundamental que no tienen en cuenta quienes nos quieren vender métodos de idiomas «naturales» que te enseñan «como cuando eras bebé».

La diferencia entre *adquirir* una lengua (con interacción, sin enseñanza explícita, en entorno familiar) y *aprenderla* (en un centro de enseñanza, con apoyo académico y atención a la forma gramatical) explica que el proceso de adquirir sea exitoso en general, y el de aprender, en cambio, sea largo y complejo. Frente a lo que ocurre en los procesos de aprendizaje, en los de adquisición no sentamos a los niños a aprender palabras ni a conjugar verbos, todo se genera en la interacción cotidiana. No basta con que te «llueva» el idioma: tienes que intervenir para adquirir. La mera exposición a una lengua no garantiza el aprendizaje: podríamos pasarnos años escuchando neerlandés en el coche, pero no aprenderíamos nada sin alguien que nos sirviera de mediador con esa lengua.

Los niños adquieren su primera lengua (o sus primeras lenguas) en un proceso largo, que abarca de cinco a seis años y que basa su éxito en la constante interacción con otros hablantes. Un proceso sin libros y sin planificación, que da lugar, en la generalidad de los casos, a una adquisición completa de la lengua materna, que luego en las escuelas se amplía con los recursos de la escritura y el vocabulario especializado. ¿Qué hacemos y qué sentimos cuando hablamos por primera vez? ¿Cuándo y cómo fue esa primera vez en que «hablábamos»?

Comenzamos a decir las primeras palabras en torno al año de vida; no obstante, cuando éramos bebés, fuimos estableciendo contacto con nuestro entorno a través de recursos de varios tipos (visuales, olfativos, táctiles). Teníamos aptitudes para la comunicación desde el nacimiento y tuvimos conciencia de que hablábamos (o que comunicábamos) por primera vez desde el momento en que percibíamos que externamente se daba una respuesta a un balbuceo o un lloro. Si de bebés hacíamos alguna de esas cosas y nuestros padres, como es lógico, aclamaban un *pa*, un *u* o un balbuceo cual gol del Betis, ya empezaron a enseñarnos qué es la comunicación: un proceso que se basa en la reciprocidad de recepción y producción de mensajes. Cuando una emisión cualquiera se nos contestaba, de la forma que sea, posiblemente sentíamos que hablábamos por primera vez.

Desde esa percepción intuitiva de qué es un proceso de comunicación hasta que se da la adquisición completa de una lengua (o varias), van pasando etapas que cubren los primeros años de la vida de cualquier individuo, hasta al menos los cinco años. Se comienza con los balbuceos, que consideramos una especie de entrenamiento y que desde los seis meses se van orientando ya cada vez más hacia la imitación concreta de sonidos. Cumplido el año, el proceso se acelera y las etapas ya verbales empiezan a recibir nombres distintos según el número de palabras que se usan: se habla de etapa holofrástica cuando la palabra representa a toda una frase (*ahí* significa 'súbeme en brazos') y de etapa telegráfica cuando se hacen frases de dos palabras (*casa ahí* es 'nuestra casa es esa que señalo').

La adquisición se desarrolla de una forma u otra según el ambiente lingüístico en que se crezca. Si es un ambiente lingüístico multilingüe, el niño lo será, posiblemente con una fase silenciosa algo más larga que la de un niño monolingüe, pero con la misma efectividad al desencadenarse. Aunque hay algún garrulo que piensa lo contrario, adquirir más de una lengua nunca perjudica el dominio de ninguno de los idiomas implicados. De hecho, es bastante común que, si no dos lenguas, cuando hablamos por primera vez estuviéramos expuestos a más de una variedad (la de familiares de distinta procedencia, la del estándar de la televisión) con inflexiones y acentos que no tenían por qué coincidir con la variedad de nuestra casa.

Los que hablan por primera vez son también los que más se atreven a crear y probar qué se puede hacer con la lengua que están adquiriendo. Todo ese miedo que tenemos a hablar y a probar cuando aprendemos una segunda lengua no lo tuvimos, afortunadamente, cuando estábamos hablando por primera vez. Prueba de esa valentía y de ese lanzarse a comunicar sin reflexión es el fenómeno que suele aparecer en torno a los tres años: la sobrerregulación. A esa edad fuimos generando nuestras propias reglas gramaticales y las extendimos a casos donde la lengua que hablábamos tenía excepciones. Pondremos casos del español: de alternancias del tipo «masculino en o / femenino en a» (*niño –a*), un crío puede extraer la regla que le haga decir que quien se acaba pronto la comida es un *campeono* o una *campeona*. Si un niño sabe que hablar *flojito* es hacerlo 'con poca intensidad', puede anunciar que va a compartir su juguete con sus primas, pero que compartirá *flojito*. Viendo que de *dibujo* sale *dibujar*, creará de *manta* el verbo *mantar* y dirá *mántame* por 'tápame con la manta, arrópame'. Como construye los imperfectos de la primera conjugación (los acabados en *–ar*: *cantar*, *dibujar*) con una /b/ (por ejemplo, *estaba*), va a decir también *dormiba* o *comiba* para los imperfectos de la segunda o la tercera.

De estudiar este proceso y analizar los trastornos en el desarrollo del lenguaje se ocupa la lingüística aplicada, por ejemplo, mediante la transcripción de horas de grabaciones de niños interactuando entre ellos y con adultos; sobre ese material se van tomando datos para las investigaciones: así el amplísimo corpus «Koiné» de la Universidad de Santiago de Compostela, que se encuentra recogido en el portal norteamericano CHILDES junto con otros corpus de adquisición de lenguas.

Cuando hablábamos por primera vez, generábamos formas incorrectas para la norma del idioma pero completamente lógicas en un sistema en el que íbamos buscando crear regularidades. También llamábamos *mamás* a todas las mujeres que veíamos por la calle o *pelotas* a toda forma redonda que viéramos en el cielo.

Adquirir era generalizar para luego aprender a restringir. El tiempo se encargó de enseñarnos las irregularidades en la lengua... y en otros ámbitos también.

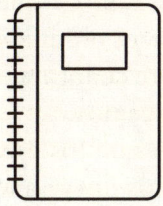

En la clase de lengua

De la larga lista de preposiciones que aprendíamos en el colegio (en un repertorio que empezaba por *a, ante, bajo, cabe, con* y que terminaba con *según, sin, so, sobre* y *tras*), dos me resultaban intrigantes: *cabe* y *so*. No recuerdo si alguna maestra se apiadó de nosotros y nos explicó que esas preposiciones ya no se usaban (como sí antiguamente: *cabe el monte, so pena*), pero igualmente ahí quedaron ambas en la lista, año tras año. Las preposiciones —en la gramática, básicamente palabras que vinculan elementos entre sí: lápiz *con* goma, libro *sobre* arte— se convirtieron para el alumnado de mi generación en una cadena de unidades que funcionaban solo en esa lista. Sabérsela era ya un fin en sí mismo.

Enseñar la lengua es, claro, enseñar un lenguaje especializado (que llamamos técnicamente *metalenguaje*, en tanto que usamos las palabras para hablar de las palabras); tecnicismos de la lingüística son etiquetas como *sujeto, oración coordinada* o la propia de *preposición*. Este metalenguaje respalda a una teoría que puede ayudar a mejorar nuestra práctica del idioma: saber de metalenguaje, entre otras cosas, sirve para conocer los componentes que usamos al hablar y sus estructuras subyacentes, y puede ser un buen auxilio cuando se aprende una segunda lengua. Nadie niega que este sea un contenido relevante en el proceso educativo, pero viendo cómo están las cosas en nuestros libros de texto y qué conseguimos con ellos en los resultados de nuestros alumnos, a lo mejor es necesario pararse a reflexionar sobre cuánto metalenguaje enseñamos y, sobre todo, cuándo lo hacemos.

Entre los contenidos que los escolares españoles de Primaria estudian antes de los nueve años se incluyen conceptos como saber qué es un determinante, qué es la sílaba tónica o qué es un adjetivo. La que firma es una profesora de lengua a la que esto le parece espeluznante, ya que, en la práctica, supone que al tiempo que se está enseñando a los niños a leer y a escribir, el maestro se ve obligado a explicar (lo dice la normativa, lo pone en los libros) que un adjetivo acompaña al sustantivo y lo explica o especifica según su posición, o a exponer que *este* y *otro* son determinantes, o que hay sílabas átonas y tónicas. La hipertrofia del metalenguaje en Primaria resulta llamativa en tanto que estos contenidos no resultan particularmente difíciles de entender ni de aplicar en Secundaria. Es lógico que los estudiantes piensen que la gramática sigue siendo para ellos un intangible que les causa extrañeza y es lícito que los profesores bufen porque los alumnos ya no recuerdan un contenido que se les lleva enseñando desde pequeños; transmitir ese metalenguaje en edades cortas roba tiempo para lo fundamental: aprender a expresarse, a leer con gusto, a saber hablar en público... Son los otros objetivos que se recogen en los programas docentes y que resultan perjudicados por el peso de la enseñanza teórica: la inflación de contenidos metalingüísticos en las escuelas españolas merma la capacidad de los profesores para enseñar a expresarse.

Desconfiaríamos de una profesora de flauta que no consiguiera tras un año entero de clases que nuestro hijo tocase al menos una melodía fácil con el instrumento. Pídale a un niño de Primaria que explique qué pasó ayer por la tarde en la plaza y verá si es capaz de hacer un discurso coherente, con riqueza léxica y argumentando un punto de vista. Tal debería ser el objetivo de una clase de lengua impartida a un niño. De su logro se beneficiarían todas las otras materias escolares.

Por supuesto, las sucesivas reformas educativas (o sea, la reforma de la contrarreforma de la enésima ley educativa no consensuada) han ido introduciendo la necesidad de enseñar a usar la lengua (y ahí están conceptos como las *destrezas* y las *competencias lingüísticas*). Y claro que hay maestros que se esfuerzan por poner a sus alumnos a hacer cosas con palabras: los espacios docentes en la red nos han permitido asomarnos a los *blogs* de clase de profesores que nos muestran a alumnos escribiendo de forma creativa, argumentando, explicándose. Pero, cuidado: también ellos han tenido que perder un buen rato explicando a los de segundo de primaria qué es un adjetivo.

No tiene sentido que saber usar la lengua sea lo que nos queda cuando olvidamos lo que aprendimos en las clases de lengua del colegio. Por eso, si usted ve que el maestro de lengua de su hijo lo pone a preparar una entrevista, o a hacer fotos de carteles de la calle para que entienda que vive en una sociedad multilingüe, si su hija tiene que hacer un trabajo de lengua que consiste en leer y contar a los demás una noticia de prensa, si la profesora del niño monta una obra de teatro en clase, si entre los deberes del fin de semana está aprender un poema o ir a una biblioteca y hacer una ficha de un libro, o si en el colegio lo están estimulando a leer dos libros al mes, piense que su hijo está recibiendo la enseñanza de lengua más importante. Está aprendiendo a hacer cosas *con, contra, de, para, por, sobre* las palabras. Y el resto de preposiciones de esta frase las puede completar el lector si aún recuerda la lista que le enseñaron en la clase de lengua.

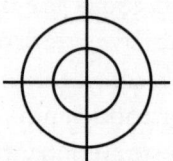

El acoso, por su nombre

Tienen las palabras su maleta de matices añadidos. Y los hablantes, en general, sospechamos lo que hay dentro de cada maleta. Lo sepamos o no de forma explícita, cuando usamos la palabra *acoso* estamos especificando que se da una relación deshumanizada del acosador hacia el acosado. Y es así porque la propia palabra *acoso* lo tiene en su origen. Un verbo como *acosar* se aplicaba en un principio al hablar de los animales que eran blanco de una cacería; y, solo secundariamente, se comenzó a usar para aludir a aquellas personas que eran tratadas como animales. El primero de los diccionarios de la RAE, de 1726, decía que acosar era lo que se hacía «con los toros en el coso, y con los venados, y otros animales en la caza», pero añadía el texto académico que, metafóricamente, un acosado era también el perseguido «con molestias, trabajos, ahogos, miserias y vexaciones». Es un caso parecido al de otros verbos que han pasado de ser usados con aplicación a animales para extenderse hacia el entorno humano. Así, *acorralar* primariamente fue 'meter y encerrar en algún cercado de tapias, piedras, o ramas los ganados' y en su segunda acepción este valor fue extendido para relatar el penoso cerco que puede sufrir una persona: 'estrechar y apretar a uno, aturdiéndole, de suerte que, de confuso y medroso no acierta a responder, ni a salir del estrecho y aprieto en que le han puesto'. Sin conocer la historia y la etimología de una palabra, los hablantes van adquiriendo, a fuerza de estar expuestos a un uso y a determinadas combinaciones, las evocaciones seculares que tiene una voz de su idioma, sus connotaciones, adheridas pegajosamente a la seriedad objetiva de su denotación.

Carece de esas resonancias la palabra inglesa *bullying* que en los últimos años ha empezado a usarse en nuestro idioma para aludir al acoso escolar, como vocablo hermano del *mobbing* o acoso laboral. Los extranjerismos pueden tener otra maleta de matices añadidos para nosotros: a veces los escogemos porque nos suenan más modernos, tal vez (como puede ser el caso aquí) los preferimos porque nos parecen más específicos, concretos o acotados. Ya sabemos que la lengua es libertad y cambio, y que está en las manos (¡o en las voces!) de los hablantes el gusto temporal o duradero por una forma concreta; por eso, es imposible predecir si *mobbing* o *bullying* se aclimatarán o no para siempre a la lengua española. Con todo, los hablantes debemos ser conscientes de qué hacemos cuando usamos una palabra: *bullying* tiene, en inglés, su maleta de matices (el abuso que ejerce el matón, el fuerte de la clase), pero en español este anglicismo está desapegado de todo ese amplio sentido histórico que arrastra *acoso*. Hablar de *bullying* nos distancia del sentido animal que tiene la palabra vernácula. En una sociedad cada vez más alineada contra los casos de abuso, se está extendiendo de forma paradójica la palabra que, por su carácter aséptico, mejor los oculta. Ocurre igual con una palabra como *minijob*, que suena mojigata, inofensiva y pueril (como un minigolf), pero que esconde en realidad un empleo precario y mal pagado. La forma *bullying* como palabra nos está opacando todo lo negativo que hay en voces españolas con maletas muy cargadas: hostigamiento, intimidación, agresión, amenaza, manipulación, maltrato, tortura;

acosar como atosigar, fastidiar, perseguir, importunar, agobiar, no dejar en paz... cansar hasta hacer que la víctima se rinda y baje los brazos. Todas esas palabras que parecen incomodarnos se relegan con un anglicismo esterilizado que esconde las connotaciones bajo la alfombra.

El 2 de mayo es el Día Mundial contra el Acoso Escolar. Una pelea de patio puede ser simplemente una disputa puntual, pero también puede ser una muestra pública de lo que la víctima de acoso sufre a diario en los resquicios del silencio y la ausencia de vigilancia que puede haber en cualquier centro educativo: una agresión construida desde la sensación de superioridad o supremacía (ideológica, física, racial) que un alumno cualquiera se atribuye para despreciar al otro y animalizarlo.

Hablemos de *bullying*, llamémoslo así si eso es lo que queremos, pero no lo tratemos como eufemismo. Llenemos su maleta con la misma carga que tiene *acosar* y seamos conscientes de lo que es: algo sencillamente inadmisible.

Lo que nadie quiere

Tiene la poetisa jerezana Raquel Lanseros un poema escrito a propósito de Eros en el que declara que ante el amor se siente «más feliz y menos libre», aunque añade que «a veces, sin embargo, la esclavitud se muestra soberana y me siento señora del destino». Se me venían a la cabeza estos versos viendo en la prensa los listados de las carreras más demandadas por los estudiantes preuniversitarios y que son, por tanto, las que exigen una nota de acceso más alta. Por arriba están grados y dobles grados con nombres que confirman que el mapa español de titulaciones ha ido enriqueciéndose y adaptándose a nuevos retos sociales: Física y Matemáticas, Derecho y Dirección de Empresas, Biomedicina, Estudios Internacionales... La posición de las carreras en esa escala de predilección es cambiante y varía año tras año; estos grados se sitúan ahora en los puestos que otrora ocuparon las ingenierías, arquitectura, traducción o periodismo. Suelen subir en el listado aquellas carreras que cuentan con el reclamo incontestable de la *empleabilidad* (lo que, con otra fea expresión, se ha llamado tradicionalmente *tener salidas*), pero también hay algo de moda en determinados ascensos: las profesiones que acaparan mayor espacio mediático y social durante un tiempo provocan un efecto llamada que atrapa la atención idealizada de los estudiantes de Bachillerato, que pueden tener el despiste propio de los diecisiete años y con él una vocación más armada de estereotipo que de autoconocimiento y reconocimiento.

Lo que no varía, en cualquier caso, es la poca atención que prestamos a lo que nadie quiere, a esas carreras que en propiedad son las que *aparentemente* nadie quiere, porque también hay quien, en primera opción y con buenas notas, elige uno de esos grados que se quedan abajo en las listas. Por el final aparecen las Filologías, la Geografía, la Antropología, y con ellas también disciplinas no humanísticas: Estadística, Derecho, algunas ingenierías... Señalarlas en la solicitud de acceso a la universidad es para muchos estudiantes un ejercicio de vocación contracorriente. Así como es fácil defender en casa que, con buen o regular expediente, uno se quiere aventurar en una carrera armada de buena fama, abrazar un grado en lo que nadie quiere suele exigir, en cambio, justificar ante la familia y ante los pares qué y por qué se elige. Pero a veces y ante una vocación seria ocurre como ante el amor en el poema, que la esclavitud se muestra soberana. Siempre está el estudiante que libremente, no presionado por una baja nota, estudia lo que nadie quiere y se siente señor de su destino, lo hace depender de su vocación y no del mercado laboral. Lo que llamamos vocación suele ser nuestra inclinación instintiva para ocuparnos en aquello para lo que estamos más capacitados; contar con facilidad natural para aprender algo nos garantiza de entrada cierto éxito en el desempeño.

Por otra parte, las más de las veces la vocación resulta ser más firme y estable que el propio mundo laboral. La promesa de un trabajo seguro y remunerado es un El Dorado cuya ubicación en el mapa también se mueve y varía. Muchos estudiantes eligen la carrera que parece prometer ese buen futuro, pero el mercado es tan tornadizo que al llegar al final de la meta, tras los cuatro o cinco años de estudios universitarios, puede resultar que era otra la cola que había que haber elegido y que en realidad no se necesitaban arquitectos sino físicos o quién sabe qué. En cualquier caso, en los tiempos que corren elegir una carrera no predestina ya particularmente a nada; el horizonte de la formación continua nos ha familiarizado con la idea de que el reciclaje y la adaptación a lo que viene es inevitable en el mercado laboral.

Por eso, mi invitación a los estudiantes que están decidiendo dónde poner la cruz es que superen las pasajeras servidumbres de las salidas o entradas y no hagan demasiado caso a los listados de predilecciones de su tiempo. Escribe esto alguien que también estudió lo que nadie quería y que celebra cada día la soberanía de haberlo hecho.

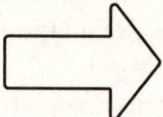

De moda no, *lo siguiente*

Los que dicen *bueno no, lo siguiente* y los que jamás dirían algo así. El mundo (al menos el mundo hispanohablante) parece dividirse entre los que aman y los que odian esta expresión. Como todas las modas lingüísticas, hay quienes se abrazan a ellas y quienes las ven más feas que un pie de otro. Los *siguientistas* (vamos a bautizarlos así) dicen que una película era «buena no, lo siguiente» o que están «agotados no, lo siguiente». Este *lo siguiente* se empezó a poner de moda hace unos diez años como mucho. Los jóvenes lectores de este libro seguramente sean los que dicen «las croquetas de mi madre son espectaculares no, lo siguiente». Los *antisiguientistas* les preguntan desafiantes: ¿qué es *lo siguiente*?

Lo que sigue a *bueno* podría ser *muy bueno* o *buenísimo* o *megabueno* o *hiperbueno* o *requetebueno* o *tela de bueno* o *la pera de bueno* o... Todos estos elementos del español se llaman *elementos de superlación*, y los usamos para hacer que una palabra intensifique su significado, con ellos hacemos que suba peldaños en una especie de escalera de significación. Tenemos muchísimas expresiones para intensificar. Algunas son históricas y constantes en nuestra lengua: *muy bueno*; otras son más o menos recientes.

Con los elementos que indican valoración estamos siempre ante la misma batalla: los utilizamos, parece que se «gastan», como se gasta la suela de un zapato, y nos gusta reemplazarlos por otros nuevos. Por eso, hay modas de intensificadores que aparecen y otras que desaparecen o se quedan conviviendo con las nuevas expresiones. Normalmente la mecha prende en el lenguaje juvenil y de ahí salta a otros sectores. Tal fue el caso de *mazo*, usado solo o acompañando a un adjetivo («me gusta mazo»; «mazo caro»), que entró en el lenguaje de los jóvenes hace unos años. No se usa en toda la comunidad hispanohablante: en Andalucía se prefiere «taco de bueno» o «un viaje de bueno» antes que «mazo bueno».

Para el caso del español, además, nos gusta más la intensificación por la izquierda que por la derecha. O sea, típicamente el español pone los intensificadores antes de los elementos que valora: *super, mega, ultra, mazo, hiper*... e incluso los acumula: lo has visto en el *hiper mega ahorro* del supermercado o en el *super ultra limpio* de la oferta de detergente. El tamaño sí importa en la lengua, y tendemos a pensar que las palabras más largas significan más.

De hecho, es raro que en español usemos de forma tan extendida la terminación superlativa en *–ísimo*, que existía en latín (–ISSIMUS) y que otras lenguas hermanas, como el francés, usan poquísimo. Es una intensificación a la derecha, y su rareza se explica porque se extendió desde el lenguaje culto. ¿Cómo te suena decir en español actual «guapérrimo»? Pues algo así era usar *–ísimo* en español hasta finales del siglo XV, cuando por moda y desde sectores literarios se empezó a propagar este *–ísimo*. De todas formas, todavía en el siglo XVII había muchos españoles que no lo usaban, sobre todo los más alejados de esos sectores literarios; por eso Cervantes, siempre tan acertado recreando el lenguaje de la calle, pone a Sancho Panza liándose al usarlo: *aquí está y el don Quijotísimo asimismo, y, así, podréis, dolorosísima dueñísima, decir lo que* *quisieridísimis, que todos estamos prontos y aparejadísimos a ser vuestros servidorísimos* (Cervantes, *Quijote*, II, 38).

La subida de los escalones de la intensificación se hace, pues, con elementos muy cambiantes. E incluso en esa escalera podemos observar que hacemos subir a palabras que aparentemente no pueden subir más peldaños: *perfecto, infinito*... ¿Algo puede ser *más perfecto* que *perfecto* o aún *más infinito*? ¿Hay un «lo siguiente» para *perfecto*? Parece que sí. En lo de intensificar, no son los significados de las palabras quienes ponen los límites, sino los hablantes, dueñísimos de la lengua, aunque a veces se nos olvide.

Estamos en plan explicando la expresión *en plan*

Los jóvenes no hablan igual que sus mayores, y esos mayores no hablaron, en su momento, igual que hablaban sus padres. El empleo de determinadas palabras puede revelar la fecha de nacimiento que hay en tu carné: en los años setenta se decía *chachi*; en los ochenta, *guay*; antes de esa etapa se decía que algo era *muy pera* (por 'muy bueno'). Si miramos al lenguaje juvenil actual, vemos que uno de los identificadores de los jóvenes recientemente es el uso de *en plan*.

Atención a esta frase:

«Le digo a mi madre que salgo en plan me voy a la calle en plan tranquilo, meto en el bolso en plan todo lo que necesito para echar el día fuera y resulta que me dejo las gafas de sol nuevas que me costaron caras, en plan 60 euros o más».

No es real, pero podría serlo: *en plan* es el nuevo chicle, es flexible y está todo el día en la boca de nuestros hablantes más jóvenes. Esta construcción (preposición *en* + sustantivo *plan*) no es nueva en el idioma y la usamos hablantes de todas las edades para una función concreta, la de «Venimos en plan de auditoría» o «Acudieron en plan de buscar pelea», casos que se dan desde mediados del siglo XX y donde *plan* tiene el significado de intención, proyecto, modo. Pero en los últimos años esta estructura ha ido modificándose de dos maneras. Por una parte, su forma ha variado y se usa más sin *de* («Héctor está ya haciendo maletas en plan vacaciones» y no «en plan de vacaciones»). Por otra parte, y esta es la historia verdaderamente novedosa, en el español de España ha asumido entre los hablantes jóvenes muchos otros significados nuevos.

Si decimos la frase «Brenda no viene hoy a trabajar, en plan se ha pedido el día», vemos que *en plan* significa 'o sea' y explica de otra forma o ejemplifica lo que se está diciendo.

Otro valor innovador se usa en frases del estilo «Jaime me escribió en plan te vamos a subir el sueldo», donde *en plan* tiene un valor similar al de poner unas comillas en el discurso escrito, ya que cita las palabras de otro.

Puede servir para situar el foco sobre algo, poniendo de relieve justo lo que sigue a *en plan*: «Una cosa es tatuarse una palabra, pero Mari Luz se ha tatuado en plan toda la pierna». Y se usa también para mitigar y paliar el efecto de lo que se dice: «Emi se acaba de sacar el carné de conducir, en plan yo prefiero no ir en su coche».

En general, *en plan* sirve en el lenguaje juvenil actual para ofrecer un dato aproximado, que es ajeno a quien habla. Parece servir como un apoyo que los hablantes jóvenes necesitan (y rentabilizan) para salvaguardar inseguridades al hablar y facilitar su aprobación social, tan útil cuando uno está, como se está si eres joven, buscando la propia voz. *En plan* suaviza, atenúa lo que se dice y, además, lo hace con una expresión que es marca dentro del grupo al que se pertenece. No es muy distinto del *like* y el *kind of* que pululam entre los anglohablantes más jóvenes.

Que sea útil para quienes lo usan y que tenga unos valores definidos no quiere decir que no sea exasperante oírlo constantemente en cada frase de un adolescente español. De hecho, ha despertado quejas por parte de profesores, que dicen que sus alumnos abusan de esta expresión. E incluso los propios jóvenes, que reconocen que *en plan* es un elemento definitorio de su forma de hablar, pueden llegar a parodiar ese empleo extremo.

El lenguaje juvenil español tiene, como todos los lenguajes juveniles, sus marcas propias, cambiantes y muy poco duraderas. La forma de interacción que emplean entre ellos los jóvenes, oralmente y de forma coloquial, es históricamente una constante fuente de cambios lingüísticos, cambios efímeros que aguantan en vigor hasta que son reemplazados por una nueva generación. Una lee un artículo de cinco años atrás sobre lenguaje juvenil y comprueba que alguna de las palabras que se señalaban como propias de los jóvenes españoles han quedado ya anticuadas (¡en solo cinco años!). Y, si hacemos un viaje hacia atrás en el tiempo, vemos un fenómeno similar: en los finales de los setenta, el *Manifiesto de lo Borde* que publicaron los componentes del genial grupo de rock andaluz Smash dividía la humanidad entre los hombres de las praderas, de la montaña, de las cuevas lúgubres y de las cuevas suntuosas. Leerlo es leer las palabras del lenguaje juvenil de los setenta:

> «Los hombres de las praderas son los únicos que están en el rollo y que han salido del huevo.
> Los hombres de las cuevas lúgubres se enrollan por el palo del dogma y te suelen dar la vara chunga.
> Los hombres de las cuevas suntuosas se enrollan por el palo del dinero y del roneo».

Algunas de esas expresiones se han mantenido, otras no. La grandeza de las lenguas es que suelen ser bastante democráticas en la génesis y el ocaso de estos cambios lingüísticos. Tal vez dentro de unos años seamos capaces de hablar del inicio y del fin de la moda del «emplanismo». Por eso, no tiene sentido escribir en plan «¡Alarma: los jóvenes hablan raro!», porque estas modas lingüísticas vienen y se van. No te pega tener más de 35 y decir «¡hasta nunqui!» y no es común ser un *emplanista* o adicto a *en plan* si tienes más de 25. Lo que le toca a cada joven que empieza a hacerse con el mundo es caer enamorado de la moda juvenil, en plan lo que sea.

EL ÁRBOL DE LA CIENCIA

Una lengua que no quiera ver su árbol menguar debe tener palabras, estructuras y textos para la ciencia. *Escutoides*, *listeriosis* y *seze* son tres palabras muy raras que están colgando de la fronda del árbol de la ciencia, junto con los nombres de virus, mecanismos, fonemas, fenómenos de la física o de la epigrafía y miles de tecnicismos más. En los tres textos que siguen hablamos de números, de estructuras geométricas y de bacterias. Reúne a estas palabras la voz *ciencia*, derivada del latín SCIRE, que significaba 'saber', enemiga de los *necios* y aliento de los *conscientes*.

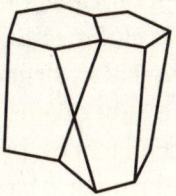

Tenemos una nueva palabra en español: *escutoide*

Tenemos una nueva palabra en español y es *escutoide*. La repetimos, saboréala:

es-cu-toi-de.

La han inventado unos investigadores con base en Sevilla y la utilizan para designar un aspecto que han descubierto sobre el tejido del epitelio (o sea, el que recubre la superficie externa del cuerpo y también algunos de nuestros órganos). Vamos por partes: antes se pensaba que nuestras células se unían unas a otras formando prismas, de manera que la unión de esos prismas daba lugar al epitelio. Gracias al equipo liderado por el biólogo de la Universidad de Sevilla Luis M. Escudero, se ha descubierto que el abrazo de las células no conforma prismas sino una forma distinta de la que pensábamos hasta ahora. ¿Recuerdas la lista de cuerpos geométricos que nos enseñaban en el colegio (cilindro, cono, esfera...)? Pues bien, el escutoide es el nombre que han dado a esa figura nueva que observan cuando miran en el microscopio el epitelio (humano o animal) y cómo se pliega.

Las posibilidades de este logro científico son muchas: conociendo que lo esperable es hallar escutoides en el epitelio, se puede detectar, por ejemplo, si hay crecimientos anormales que pueden ser señal de malformaciones tumorales; igualmente, sabiendo que el tejido celular está compuesto de escutoides se puede «imitar» el epitelio si, llegado el caso, hubiera que crear un órgano artificial. Saber cómo se empaquetan las células para formar tejidos celulares es, pues, un gran avance para la ciencia. Pero este descubrimiento ha tenido también una consecuencia lingüística, sin duda no prevista por el equipo que ha puesto en circulación en nuestro idioma la palabra *escutoide*.

¿De dónde ha salido la palabra? La génesis de la palabra se debe a una «doble inspiración»: por un lado, el jefe del equipo científico, Escudero, fue el primero en advertir que el epitelio no era como nos habían contado, y que había una forma geométrica nueva a la que dar nombre. Su apellido, derivado del latín SCUTUM ('escudo'), fue un primer aliento para la nueva palabra, que contaba además con otro apoyo: el hecho de que la estructura del escutoide recordase a la forma del tórax o SCUTUM de algunas variedades de escarabajo. A la base de *escudo* se añadió el sufijo griego –*oide*, que significa 'parecido a'. No es raro que en la ciencia se conozcan determinados logros o hallazgos científicos con el apellido de su descubridor: pensemos en Doppler, Asperger, Down, Alzheimer, que fueron personas antes que nombres técnicos.

El descubrimiento de los escutoides ha sido expuesto en la prestigiosa revista científica *Nature Communication* en 2018 en un artículo escrito en inglés y firmado por el equipo de dieciséis investigadores que ha desarrollado las pruebas: matemáticos, físicos y biólogos. Los investigadores tradujeron para ese artículo al *escutoide* como *scutoid*. Por tanto, la palabra ha nacido simultáneamente como voz nueva del inglés, lengua en la que está escrito el artículo original donde se difunde el descubrimiento, y palabra nueva del español, a través de los textos que los investigadores han puesto en circulación para explicar su logro.

Es curioso que esta voz, en principio un mero tecnicismo, haya logrado incluso colarse en las redes sociales con usos científicos y con usos menos científicos; ha sido abrazada de forma seria pero también de forma humorística, lo que, sin duda, ha ayudado a su difusión, tanto en inglés como en español. E incluso en Estados Unidos la declararon *word of the day* ('palabra del día').

Son muchas las palabras nuevas que van llegando a nuestro idioma, unas se incorporan por vía del préstamo, otras las creamos los hablantes y las lanzamos al mar de las conversaciones y los libros para que en ese mar se difundan. Podemos reconstruir, pero siempre aproximadamente, la fecha en que surge una palabra, y difícilmente podremos señalar quién fue el primer hablante en decirla. Por eso, lo relevante lingüísticamente de *escutoide* es que sabemos con toda exactitud quién ha creado la palabra y cuándo. Y eso es una rareza en cualquier idioma vivo. La invención de una palabra con fecha de nacimiento y autor concretos es un fenómeno no muy común en las lenguas; recibe el nombre técnico de *creación léxica* u *onomaturgia*. Por supuesto, para considerar una creación léxica como voz nueva en el vocabulario de una lengua, no basta con la mera invención de una palabra, sino que es necesaria su difusión y aceptación social. Cualquiera puede inventar una palabra, pero no se considera que entra a formar parte del vocabulario de un idioma si no consigue aceptación y uso en la sociedad.

Entre los casos de onomaturgia del español, estudiados con detalle por el académico Pedro Álvarez de Miranda, contamos con vetustas palabras inventadas hace siglos: *perogrullada*, creada en el siglo XVII por Quevedo, o *quirófano*, inventada en 1892 por el doctor Andrés del Busto. Pero también tenemos ejemplos cercanos: la muy simbólica palabra *mileurista* fue inventada por una lectora de *El País*, que la usó en una *Carta al director* en 2005 dando curso a su empleo hasta hoy.

Añadamos una palabra más a la lista de creaciones lingüísticas con autor conocido: *escutoide*, surgida en 2018 de Escudero y su equipo. Un equipo que, por cierto, está formado íntegramente por españoles (quince andaluces y un madrileño radicado en Estados Unidos) que, de nuevo y frente al tópico, nos muestran que ni en ciencia ni en lingüística tiene sentido el ¡que inventen ellos!

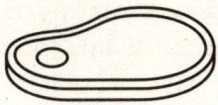

El apellido que dio nombre a la listeriosis

En el verano de 2019, media Europa estaba preocupada por un inquietante brote de listeriosis que se había propagado en España a través del consumo de cierta carne contaminada. La palabra *listeriosis* merece nuestra atención lingüística por tener en sí la medida de lo que, bueno y malo, somos capaces de hacer como especie. *Listeriosis* deriva del apellido del cirujano británico Joseph Lister (1827-1912), que fue figura principal en el desarrollo de la cirugía antiséptica; a ese apellido se le ha añadido la terminación –*osis*, procedente del griego y que significa en medicina 'proceso patológico'.

Lister se inspiró en las investigaciones de su contemporáneo Louis Pasteur para sostener algo que pareció revolucionario en su momento pero que hoy entendemos como básico en todo proceso de intervención quirúrgica: hay que prevenir las infecciones. A Lister se debe la defensa de la idea de que antes y después de cualquier cirugía pueden surgir microorganismos que causen infecciones y que estos no surgen de la nada ni por generación espontánea. Descubrió que las heridas se infectaban por alojar bacterias y propuso evitarlas con el uso de antisépticos en las manos del personal médico y de enfermería y en el propio instrumental usado. Particularmente, él usaba ácido fenólico al cerrar las heridas, para lavar el instrumental y la ropa médica e incluso para limpiar las salas de operaciones. Si los hospitales británicos de principios del XIX olían a muerte y pus, los de finales de ese siglo olían, tras la extensión de las propuestas de Lister, a antiséptico. Ello redujo espectacularmente la muerte por infecciones y, de hecho, las campañas bélicas de ese tiempo (por ejemplo, las de la guerra franco-prusiana de 1870) ya se beneficiaron de este uso en el tratamiento de sus heridos. En una época en que la mortalidad quirúrgica era de un 50 %, las investigaciones de Lister sobre cauterización de heridas sirvieron para bajar poderosamente estas cifras de mortalidad.

Esta trayectoria innovadora en el tratamiento de los pacientes antes y después de la cirugía explica que en español los derivados del apellido británico *Lister* se usaran primariamente con el significado de 'procedimientos de antisepsia y asepsia'. Es decir, el apellido *Lister* no se usaba en español en un principio para nada relacionado con la enfermedad que hoy llamamos *listeria*. En fecha muy cercana a los descubrimientos de Lister, 1894, Miguel Fargas y Roca incluye en su discurso de recepción en la Real Academia de Medicina y Cirugía de Barcelona vocablos como *listerismo* o *prácticas listerianas* como equivalentes a precauciones antisépticas. Y todavía el médico Luis Martín-Santos en su novela *Tiempo de silencio* (1961) hablaba de los ambientes «copiosamente listerizados» en el sentido de lugares asépticos e higienizados.

Lister fue reconocido en vida con doctorados *honoris causa*, agradecimientos, premios y títulos nobiliarios. Y gozó también de un curioso reconocimiento al otro lado del Atlántico: un poderoso colutorio para prevenir infecciones bucales fue registrado por el farmacéutico estadounidense Jordan Wheat Lambert en 1879 como Listerine en homenaje a Joseph Lister. Pero aún quedaban otras distinciones y homenajes...

En reconocimiento a Lister y quince años después de su muerte, se bautizó con su apellido la familia bacteriana *Lis-*

teriaceae, familia de bacterias a la que pertenece la causante de la listeriosis que se propagó por España en 2019, la *Listeria monocytogenes*. Esta enfermedad fue identificada en 1926 en animales y llamada inicialmente *Bacterium monocytogenes* porque aumentaba el número de monocitos en la sangre; en la segunda mitad del siglo XX terminó triunfando el derivado del apellido de Lister que se había propuesto en los años 20.

El proceso de acuñar un término a partir de un apellido es muy común en la historia de la ciencia y se denomina con el nombre de *eponimia*. En el ámbito de la bacteriología, diversas bacterias han recibido el nombre de investigadores que han intervenido en su reconocimiento, prevención o identificación. El proceso es curioso porque quien más lucha por identificar y curar las infecciones de una bacteria termina siendo reconocido con... el nombre de la propia bacteria. Así, en honor a Edmond Norcard (1850-1903), que estudió la tuberculosis en el ganado y su contagio a humanos, se denominó *Nocardia* a un género de bacterias; las investigaciones del pediatra alemán Theodor Escherich (1857-1911) son reconocidas en el nombre de la *Escherichia coli*. Y también hay una aportación hispánica en el mundo de la eponimia bacteriana: el microbiólogo peruano Alberto Barton Thompson (1870-1950) identificó las bacterias asociadas a la fiebre de la Oroya, y en su memoria se acuñó el género *Bartonella bacilliformis*. El uso de la eponimia en la acuñación de términos para signos físicos, síndromes, estructuras anatómicas, métodos, escalas o cuestionarios tiene sus detractores: por una parte, los epónimos no son tan claramente descriptivos como los términos taxonómicos al uso; por otra parte, no siempre hay unanimidad histórica en atribuir de forma exclusiva un descubrimiento a una persona concreta.

Para el caso de Lister y de la listeria, los derivados de su apellido nos dan una muestra curiosa de doble significado y de doble enseñanza al mismo tiempo. Con las prácticas quirúrgicas que inició Lister vemos cuánto le debemos en longevidad y en calidad de vida al tesón y el pensamiento crítico de este médico inglés; pero, analizando por qué la bacteria a la que se le dio su nombre nos hace temblar, tenemos una muestra de cómo por inepcia o descuido de quienes fabrican la carne y se lucran con su venta podemos ir hacia atrás en nuestra seguridad alimentaria. Nuestras capacidades y nuestros límites están dentro de la historia de esta palabra.

Y una coda... Para muchos españoles, Líster es un apellido con evocaciones muy alejadas de la medicina. Enrique Líster (1907-1994) fue un político y militar gallego que ocupó un importante papel en el ejército republicano. Su regreso a España tras un largo exilio en la Unión Soviética y su enfrentamiento a la cabeza del comunismo español, Santiago Carrillo, fueron en nuestro país noticia política de relevancia en el final del siglo xx. Sin embargo, su nombre real era Jesús Liste; el político cambió su apellido a Líster aparentemente por eufonía. *Liste* es un apellido muy común en Galicia, pero Líster, por el contrario, es realmente infrecuente en España. La base de datos del Instituto Nacional de Estadística solo arroja un total de noventa personas censadas en España con esa palabra como primer o segundo de sus apellidos, en Málaga y Alicante, sobre todo.

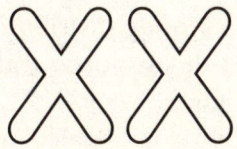

Veinte cosas de letras sobre los números hasta el 20

Al empezar el año 2020, los hablantes descubrieron que la cifra podía leerse de la forma habitual («dos mil veinte») o también como la sucesión de «veinte veinte». La peculiaridad de que este sea un año con un número veinte por duplicado tiene su gracia histórica, porque ocurre una vez por siglo (sucedió en 1919 y se repetirá en 2121) y también tiene su lectura lingüística, ya que en la expresión de los números del uno al veinte se dan notables singularidades, como podemos comprobar en este listado:

1. El uno ha valido en español para mucho más que para nombrar la cifra. El hecho de ponerle plural a este número ('me comí unos panes') es bastante peculiar dentro de la gramática; en ese plural, *unos* ya ha dejado de ser un numeral para convertirse en un indefinido.
2. *Dos* admitió variación de género en castellano y leonés antiguos. Se decía *dos* (y a veces *dúos*) para el masculino y *dúas* o *dúes* para el femenino. El Cid, por ejemplo, hablaba de las «dúes fijas» que tenía.
3. Nuestro sistema de numeración actual proviene de los matemáticos árabes, que lo introdujeron en Eu-

ropa a través de al-Ándalus. En la Castilla medieval se copió incluso un empleo propio de la lengua árabe por el que si un número aparecía duplicado (*tres tres*), adquiría sentido distributivo ('tres a uno, tres a otro'). Es uno de los pocos arabismos sintácticos de la lengua antigua.

4. Multiplicar por dos es calcular el doble y multiplicar por cuatro es calcular el cuádruple o cuádruplo. Estos números se llaman multiplicativos y contienen formas poco usadas como *quíntuplo*, *séxtuplo* o *céntuplo* (multiplicar por cien). En la lengua antigua se usaba el número seguido de la palabra *tanto*: *tres tanto* equivalía al triple.

5. *Quinto* es un número de orden (u ordinal), hermano de otros números de orden como *segundo* o *sexto*, mientras que *cinco* o *veinte* son números cardinales. Junto con el ordinal *quinto*, en la lengua antigua existió *cinqueno*, al igual que *doceno*, *catorceno* o *quinceno*; estos ordinales con terminación en *–eno* hoy solo se mantienen en *onceno* y *noveno*.

6. El étimo de seis es el latín SEX, que tuvo en el español de nuestros antepasados un plural *seyes* (similar al de *leyes* o *bueyes*) junto con el uso plural común que hoy mantenemos: *los seis niños*. Seis eran los niños que solían ayudar en el coro, y este significado conoció el plural *seises* (singular *seise*), que se mantiene como nombre de los críos que bailan ceremonialmente en la catedral de Sevilla.

7. Siete es para muchos el número de la suerte, pero seguramente es el que peor huele. *Sieso* (del latín SESSUS, que significaba 'asiento') es el nombre del ano y, por no nombrar a tan delicada parte, hay quien emplea el eufemismo *siete*. Tal uso se mantiene hoy en varios países americanos.

8. Junto con cardinales (*ocho*), ordinales (*octavo*) y multiplicativos (*óctuplo*), existen también los números fraccionarios, que expresan las partes en que se divide una unidad: si una tarta la dividimos en catorce partes, una de ellas es un *catorceavo* de tarta. El número ocho es el único que tiene un fraccionario acabado en *–avo* en que coinciden el uso ordinal (el *octavo* de la lista) con el fraccionario (la *octava* parte de la tarta). El resto de fraccionarios que acaban en *–avo* no pueden intercambiarse con números de orden (si dices «La catorceava edición del festival de cine», no tendrás regalos en Navidad).
9. Junto con *noveno*, el español conoció la forma *nono* como ordinal. Este número se mantiene hoy solo para la designación de personajes (el papa Pío IX se lee «Pío Nono»).
10. *Correo a las diez* se llamaba en la lengua antigua al que tenía que caminar a pie diez leguas en un día.
11. Como en Pío IX, Juan Carlos I o Isabel II, los números romanos se leen hasta el número diez con ordinales (*nono, primero, segunda*), pero, a partir del número once, cambia la forma de leer esos romanos, ya que solemos usar números cardinales: Felipe VI (*sexto*) contrasta con su tatarabuelo Alfonso XII (*doce*) y su bisabuelo Alfonso XIII (*trece*).
12. Son válidas las formas *duodécimo* y *decimosegundo*; la primera es la etimológica y la segunda la creada por analogía.
13. La expresión *seguir en sus trece* proviene del llamado *Papa Luna*, Benedicto XIII (1328-1423), que no renunció a su puesto de pontífice pese a las presiones monárquicas que recibió para que lo hiciera.
14. La expresión de decimales se puede marcar en español con punto (lo más recomendable): «el número *pi*

es 3.1416» o con coma (3,1416). No es recomendable usar apóstrofo (3'1416).
15. Ser «del quince» es ser muy bueno; la expresión probablemente deriva de expresiones de juego de la pelota como *dar quince y falta* o *dar quince y raya*, que es superar a otra persona.
16. Antes se decía también *seze*.
17. No hay que escribir *diez y siete* en dos palabras sino *diecisiete* en una sola. A partir del treinta y uno sí tenemos escritura de números en varias palabras, como «Vinieron a mi fiesta cuarenta y tres personas».
18. El adjetivo *dieciochesco* con que nos referimos al siglo XVIII no existía antes del siglo XX.
19. Los números que equivalen a una sola palabra o a dos se escriben preferentemente en letras (*diecinueve* y no 19), pero los números que nos sirven para expresar fechas van siempre en cifras: «Pasado el 2020, llega el 2021».
20. Los primitivos sistemas de numeración usaban piedras (*cálculo* deriva del latín CALCULUS, que significa 'piedrecita') o los dedos (el latín DIGITUS significa 'dedo'), por eso hay sistemas de numeración de base decimal (los diez dedos), duodecimal (las tres falanges de los cuatro dedos excluyendo el pulgar) o vigesimal (con base veinte). La expresión *hacer algo a las veinte* significaba 'hacer algo a horas intempestivas, más tarde de lo debido'.

VIEJOS Y NUEVOS TERRENOS

Los árboles de la lengua española, que ahora crecen con notable vigor en España y buena parte de América, también se dejan ver en otros territorios. El español ha nutrido y se ha nutrido de otras lenguas en épocas en que la historia de España puso al español o a los españoles en lugares alejados de su entorno original. En las historias que siguen, el lector verá mucha de la geografía del español en el mundo, desde Flandes a América pasando por París, hablaremos también de hablantes que se fueron y de hablantes que llegaron, de cierto hablante de castellano, el héroe llamado *mio Cid*, cuya leyenda sirvió para construir la identidad de un territorio y de un filólogo que salió de su tierra para investigar la historia del español. Estos árboles, tan lejanos o tan cercanos como nos lleve el aire que sus hojas extiende, no pueden encerrarse en palabras tan pequeñas o tan empequeñecidas como *país* o *nación*; por eso, preferimos elegir la palabra *terreno* como lugar de asiento de estas historias sobre los espacios del español.

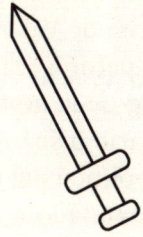

Un héroe a la vista

«Apriesa cantan los gallos e quieren quebrar albores». Un verso del *Poema de mio Cid* puede servirnos de marco. A esa hora de la mañana temprano, empezaba a entrar el público en la exposición «Dos españoles en la historia: el Cid y Ramón Menéndez Pidal» que se inauguró en junio de 2019 en la Biblioteca Nacional de España. Puedo reconocer su movimiento: los visitantes leen con cierta distancia los paneles más grandes, se acercan para fijarse en las cartelas impresas con letras pequeñas, y luego, detienen su deambular más o menos distraído para pararse ante una vitrina. Ahí está, a la vista, el códice de Vivar que transmite el *Poema de mio Cid*. Después, un rato, una parada larga ante el cristal: acercar la mirada al interior, hacer un comentario al acompañante, apuntar con un dedo huidizo al manuscrito, avanzar un poco hacia el siguiente panel, detenerse de nuevo, volver a señalar, avanzar.

Lo que resguardaba la vitrina (hermética, equipadísima, monitorizada) era un libro del siglo XIV que contiene el texto tenido por fundacional de la literatura en castellano. Son las páginas que relatan en más de 3.700 versos la peripecia de un caballero, Rodrigo Díaz de Vivar, el mio Cid de las historias, que sufre la ira de su rey Alfonso VI, que por eso ha de salir con su mesnada («polvo, sudor y hierro, el Cid cabalga») desterrado de Castilla y emprende nuevas campañas militares (singularmente, la conquista de Valencia) que logran que consiga recobrar la honra, el perdón real y la vuelta a la corte. Si ese es el argumento básico de la gesta del protagonista, fuera de la vitrina, en el imaginario hispánico, en la cultura española y hasta en el discurso político del último siglo, está todo lo que la figura del Cid ha ayudado a construir. El Cid ha sido valorado como mito fundacional de la nación y, al contrario, ha sido descrito como un mero mercenario al puro servicio de sí mismo; ha sido visto como un símbolo de la reconquista y, al tiempo, como una muestra de avenencia convenida con el mundo árabe. A un país al que le cuesta trabajo entenderse a sí mismo no se le puede pedir consenso en torno a un personaje cuya existencia real se dio en las postrimerías del siglo XI.

Por eso, ese visitante que hasta mediados de junio de 2019 disfrutó del privilegio de contemplar el códice único del *Cantar* pudo ser cualquiera de nosotros, porque todo lector hispánico de cultura media se ha acercado al Cid, con ediciones escolares adaptadas, con lecturas fragmentarias o a través de nuestra ficción audiovisual, desde los dibujos animados que a algunos nos acompañaron en la infancia hasta la película de Sofía Loren y Charlton Heston. El nomenclátor de nuestras ciudades y nuestro paisaje urbano contienen referencias al Cid, e incluso modernamente hemos podido oírlo recitado o adaptado a la vida del siglo XXI.

Pero hay que recordar que el tesoro que se guarda dentro de la vitrina es posiblemente aún más interesante que todo lo que en torno al Cid hemos construido fuera de ella, eso que tanto nos pesa al interpretar un texto tan antiguo. Lo que se expone ahora no es el original sino un pergamino del siglo XIV donde alguien transcribió un manuscrito de 1207, hoy perdido, copiado por un tal Per Abat. Esta obra contiene en sí una narración que hoy nos sigue sorprendiendo, ya que no se ajusta a lo que típicamente entendemos por una epopeya cuyo protagonista es un fiero caballero invicto. El mio Cid de nuestras ficciones es en el poema medieval, en cambio, un héroe que añora a su mujer y a sus hijas, y que, cuando sabe que estas han sido ultrajadas y vejadas por sus infames maridos, increpa a sus dos yernos con una frase que resume el drama y el dolor de un padre: «¿A qué me descubriestes las telas del coraçón?». El Cid es un caballero audaz y fuerte pero también templado, ocupado de su mesnada, que no vive del aire, necesita dinero y lo pide a unos judíos para poder tirar hacia adelante con sus caballeros; es un desterrado (un expatriado, en nuestro léxico actual) a quien le niega socorro un personaje tan insólito como una cría (la emocionante *niña de nuef años*), un héroe que llora en unos versos («de los sos ojos tan fuertemientre lorando») que el azar nos ha convertido en la primera página del pergamino, alguien cuya historia no tiene fantasías ni magias y sí algunas trazas de humor. Y esa humanidad del personaje no rebaja el heroísmo de una acción que es prolija en explicarnos y situarnos en la frontera este de Castilla, en un espacio en el mapa que fue tenido, en la mente de quienes disfrutaron oralmente del *Poema*, como un espacio inestable y peligroso. En esa geografía, los versos cidianos no jerarquizan: se narra en pocos versos la conquista de una plaza fuerte como Valencia y en largas tiradas métricas se nos explica cómo fue la toma de Castejón de Henares, enclave notablemente menos relevante, pero seguramente cercano a los lugares de composición y disfrute oral del *Poema*.

La historia de la literatura nos enseña que el Cid que durante siglos se conoció en España no era este del códice que se expone («descubierto» muy tardíamente, en el siglo XVIII), sino el que propagaban crónicas históricas, obras de teatro (Guillén de Castro, Corneille) y romances («las nuevas de mio Cid, sabed, sonando van»). Ese adalid triunfante, valeroso, es el de la tradición y el de los libros de historia. El otro, el del *Cantar* que esa vitrina de la Biblioteca Nacional de España resguardaba, es mucho más complejo, más humano y menos épico. Quien al salir de esa exposición volviera a leer su ejemplar del *Poema de mio Cid* se encontraría, sí, con el Cid, pero vería que ese Cid no es otro que un hombre llamado Ruy Díaz de Vivar, ese que, apodado *Cid*, encarna todos nuestros tópicos de la Edad Media. Desmontarlos, en una deliciosa labor de lectura y glosa, es la tarea de cualquier estudioso de la lengua y la literatura. El primero de ellos fue don Ramón Menéndez Pidal, el otro gran personaje al que se dedicaba la exposición de la Biblioteca Nacional. Pidal estudió el texto del Cid en una monumental edición (1908-1912) que hoy seguimos mirando en las aulas universitarias como modelo de estudio lingüístico; con ella se coronó la historia de la propia familia Pidal como poseedora reciente del manuscrito que ahora se expone.

Es humano admirar y es necesario preservar lo que se admira. Pero en una época donde nos derretimos y extasiamos ante lo que engañosamente nos muestran las pantallas, no está de más fijarse en las vitrinas para saber cuáles fueron los héroes de nuestros antepasados. Algunos de ellos, como este Cid del *Poema*, estaban hechos de nuestra misma materia. Y a su manera, dentro de su vitrina, nos siguen *fablando* hoy, *bien e tan mesurados*. Otra cosa es que queramos escucharlos.

Cómo traducir una catedral incendiada

El edificio que tristemente se incendió el 15 de abril de 2019 fue la catedral de *Notre Dame* de París, pero ese mismo lugar se ha llamado en español, según las épocas, *Nuestra Dama de París*, *Nuestra Señora de París* o incluso... *Catedral de Sevilla*.

Como sabemos, era costumbre habitual de otro tiempo traducir cuantos nombres propios venían desde otros idiomas. Los nombres de persona o antropónimos conocieron tempranas traducciones al latín desde sus respectivas lenguas europeas: Erasmus van Rotterdam, por ejemplo, fue vertido al latín como «Desiderius Erasmus Roterodamus». En general, se pasaban al latín los nombres que se extendían por vía libresca como forma de introducirse en una tradición de nombres latinizados. Antonio Martínez de Cala y Jarava, gramático nacido en Lebrija (Sevilla), latinizó su apellido hacia «Nebrissa», «Nebrija» o «Nebrisense» mirando hacia el nombre latino de su tierra natal.

Junto con la traducción al latín, funcionó también en otro tiempo la traducción a la propia lengua, hábito que se ha mantenido hasta el siglo XX. El mismo Erasmus de antes fue pasado al castellano como «Desiderio Erasmo de Róterdam», Johann Sebastian Bach fue «Juan Sebastián Bach», a Stalin le pusieron de nombre «José»... Y ello se trasladó también a la ficción: Charlie Brown, el dueño de Snoopy, fue «Carlitos» para buena parte de la comunidad hispanohablante; Scarlett juró que no pasaría hambre como «Escarlata»; «Piolín» se nos quedó para siempre como el nombre español de Tweety, y en México, Homer Simpson es «Homero» (pobre aedo griego...). En general, hoy no se traducen ya los nombres propios de persona al español: no hablamos de los escritores «Estéfano» Zweig y «Alicia» Munro sino de Stefan y Alice, aunque sí, siguiendo la normativa académica, escribimos con las reglas ortográficas del español esos nombres adaptados que mantenemos: por ejemplo, le ponemos tilde a Víctor Hugo o a Martín Lutero.

Con la toponimia la situación es más variable. Nos referimos al «Reino de Tolosa» para el importante territorio que funcionó como federado de Roma en el siglo V, pero hoy no llamamos a su capital otra cosa que Toulouse, igual que hemos dejado de denominar *Angulema* a Angoulême. En cambio, mantenemos traducciones como *Londres*, *Múnich* o *Ginebra* para London, München y Genève. La discusión moderna entre topónimos de España como *Lleida* y *Lérida* o entre *Hondarribia* y *Fuenterrabía* muestra la existencia de versiones al español de los nombres de lugar que se mencionan y citan mucho en nuestra lengua. Si de New York tenemos una versión traducida, *Nueva York*, pero de la New Haven de Connecticut no hemos hecho un «Nuevo Refugio», es porque la primera ciudad ha aparecido con profusión en los libros y relaciones comerciales españolas y la segunda no.

Con este panorama de tendencia a la traducción del nombre propio, no cabe sorpresa: la novela de Víctor Hugo *Notre Dame de Paris* (1831) fue traducida al español en el siglo XIX como *Nuestra Señora de París*, pero las películas de animación que se rodaron a fines del siglo XX inspiradas en ese mismo libro fueron, en cambio, tituladas *El jorobado de Notre Dame* (y no *El jorobado de Nuestra Señora*).

La dama de la catedral se hizo, pues, señora y habitó en nuestros textos con notable profusión. En el mismo siglo XIX, hablando de Toledo, dice Pedro Antonio de Alarcón (*Mi primer viaje a Toledo*, 1858) con rivalidad patriótica: «Allí hay portadas más bellas que las de Nuestra Señora de París y que las elegantísimas de las catedrales de Burgos y Sevilla». En el XX, Baroja dice que «Nuestra Señora de París» le contagió «el sarampión gótico» (*Desde la última vuelta del camino*). Y en el ámbito del español americano, Cortázar hace que Horacio le aconseje a La Maga de *Rayuela* toda una lista de entretenimientos, entre los que está leer la célebre novela de Víctor Hugo u otra decimonónica, *Las lobas* de Dumas padre: «Basta. Andate. Andá al hotel, date un baño, leé *Nuestra Señora de París* o *Las lobas de Machecoul*, sacate la borrachera».

Con todo, esta no fue la única traducción que tuvo la catedral parisina. Además de *señora*, la catedral también fue conocida como *dama*. Si la obra literaria se consagró traducida al español con tal nombre, muchas de las menciones a la propia construcción religiosa se hicieron en español con aún mayor fidelidad, apostando por el nombre *Nuestra Dama*. Así, el historiador madrileño del Siglo de Oro Luis Cabrera de Córdoba en su famosa *Historia de Felipe II* narra el juramento que hizo el rey Enrique «en la iglesia de Nuestra Dama».

Pero la traducción más curiosa y libre de Notre Dame la hallamos en una novelita obra del escritor romántico catalán Ramón López Soler (1806-1836) llamada *La catedral de Sevilla*. Tres años después de que apareciese la novela de Hugo, López Soler se inspiró en la obra del francés, la acortó a ratos, la plagió en otros y en general la adaptó a la realidad española para publicarla con el título *La catedral de Sevilla* bajo el seudónimo autorial de «Gregorio Pérez de Miranda». En esa novela de 1834, López mantuvo los argumentos y el estilo de Hugo, pero modificó los personajes para traducirlos lingüística y culturalmente a la realidad española. Lo que originalmente en la novela francesa era una trama desarrollada en 1482 con la historia desdichada de la gitana Esmeralda, el archidiácono Claude Frollo, el jorobado sordo Quasimodo y el poeta Pierre Gringoire, se tradujo en la versión española de López Soler como Sevilla en el siglo XIV, con la gitana Esmeralda (aunque en la época de Pedro I el Cruel aún no hubieran llegado gitanos a España) y unos anacronismos tiernos y descacharrantes: Claude Frollo es traducido como Claudio de Molendino (posiblemente se inspiró López Soler en el adjetivo italiano *frollo* 'débil, suave', que se traduce en latín por MOLLIS 'blando'), el poeta Pierre Gringoire se convierte en Pedro... ¡de Nebrija! y Notre Dame es la catedral de Sevilla. Es la traducción llevada al extremo, la traducción que adapta y versiona hasta cambiar la autoría, un tipo de práctica muy alejada del concepto que tenemos hoy, cuando concebimos la traducción como un ejercicio aséptico y poco intervencionista. Ha cambiado nuestra forma de traducir.

No cambia, con todo, la impresión que nos produce la destrucción de algo bello. *Alfiler de París* se llamaba en español al clavo hecho con alambre de hierro que tenía cabeza plana y la punta en forma picuda. El particular alfiler parisino que se desplomó en abril de 2019 ha quedado clavado en nuestra memoria para siempre. Aunque la conocíamos solo como «Notre Dame», resultó que la iglesia parisina seguía siendo en nuestros afectos nuestra señora.

Bélgica habla español

Bruselas, capital de Bélgica desde 1830, y sede hoy de la administración de la Unión Europea, era una de las ciudades que integraban lo que los españoles en los siglos XVI y XVII llamaban genéricamente *Flandes*. Hoy cuando hablamos de Flandes nos referimos a una de las cuatro regiones de Bélgica, integrada por varias provincias (Amberes, Brabante flamenco, Flandes oriental, Flandes occidental y Limburgo) y cuyo idioma oficial es el neerlandés. Es decir, Flandes es una parte de Bélgica como lo son Valonia o los Cantones del Este. Pero para la monarquía hispánica en el XVI, Flandes era una amplísima zona, más de ochenta mil kilómetros cuadrados que estaban bajo su dominio y que se llaman también en los libros de historia «Países Bajos españoles». Estos incluían a las llamadas *Diecisiete provincias*, que agrupaban a las actuales Bélgica, Holanda y Luxemburgo, además de a una parte del norte de Francia.

Esta área se empezó a relacionar con España cuando el guapo de Felipe el Hermoso, heredero, entre otros territorios, de Flandes y Borgoña, se casó con Juana I de Castilla, conocida por la Loca. El hijo de ambos, Carlos I, agrupó en sí la doble herencia territorial paterna y materna. Además, el emperador era flamenco, en tanto que había nacido en Gante y fue criado en Flandes. El mandato de Flandes desde España, en manos de sucesivos gobernantes que administraban el país a las órdenes de Carlos I de España, primero, o de su hijo Felipe II después, cambió en 1567 cuando, tras diversas rebeliones, comenzó la Guerra de los Ochenta Años (1568-1648) que enfrentó a españoles y a flamencos de las Diecisiete provincias. La parte más fiel a la corona española fue Bélgica, frente a Holanda, Frisia o Utrecht.

En ese contexto, la llegada de vocabulario desde Flandes al español fue constante. Por Flandes entraron palabras que se han quedado en nuestro idioma, testimonio de que cualquier contacto entre lenguas suele dejar efectos en el léxico. Muchas de esas palabras eran francesas, dado que este era el idioma usado por las clases dominantes en todos los Países Bajos y era la lengua del área sur de Flandes y de Borgoña. Palabras como *furriel* (en el famoso *cabo furriel* que conocen los que hicieron la mili) o *ujier* ('portero') vinieron muy tempranamente de esa zona. Y aún más llegaron al español a fines del XVI: *calibre, carabina, convoy, flanco, petardo, recluta, víveres*... Entró vocabulario militar, y en él, también la palabra *circunvalación*, que nos suena hoy muy moderna pero que se usaba en el léxico bélico para aludir a una línea de trinchera.

Servir en el ejército de Flandes no era un encargo fácil. De hecho, fue comandado por los jefes militares más célebres de las tropas españolas, desde Fernando Álvarez de Toledo, duque de Alba, a Alejandro Farnesio. Estaba en campaña militar casi permanentemente, era muy numeroso (se calcula que en algunas etapas pudo alcanzar los ochenta mil hombres) y estaba integrado por gentes de muy diversa procedencia: de las mismas provincias de Flandes, de Borgoña, de Italia, de España... En los famosos «tercios de Flandes», el contacto interno de idiomas era muy intenso, aunque se observó en ellos una tendencia a que se utilizase el español como lengua vehicular y de intercambio; en general, eran los flamencos los que hablaban español para poderse incorporar a altos cargos políticos y militares al servicio de la monarquía.

Las palabras llegaban a España de la mano de militares o veteranos que desde Flandes o a su vuelta a España escribían sus peripecias y hazañas militares. Libros y correspondencia popularizaban esas palabras nuevas, ante las que algunos se sorprendían y que otros necesitaban explicar cuando las usaban por primera vez. Escribe el cronista Luis Cabrera de Córdoba al principio del siglo XVII al historiar a Felipe II: «Mauricio envió al conde Felipe, su hermano, y al conde Ludovico con la caballería a degollar la escolta y bagajes que llaman *convoy*», ayudando a que sus lectores comprendiesen esa palabra que se tenía por nueva.

Poner una pica en Flandes es un dicho español que tiene que ver también con esta etapa de Países Bajos hispánicos que se dio entre el XVI y el XVII. Llegar desde España a las filas del ejército de Flandes era bien complejo, pues se evitaba el recorrido por Francia y el paso por el Canal de la Mancha, acechado por piratas y por la armada británica. Había que utilizar el que se llamó *Camino español* o *Camino de los tercios*, que implicaba emprender un viaje por barco desde Valencia o Barcelona hasta el sur de Italia y desde allí recorrer las actuales Italia y Suiza para seguir el curso del Rin y pisar por fin Flandes. Poner allí el arma (la *pica*, una lanza de asta propia de la infantería) era toda una proeza previa a la propia batalla. *Poner una pica en Flandes* sigue significando hoy en español conseguir un logro difícil. Más difícil es, en cambio, explicar si *flamenco* (como gentilicio de Flandes, forma de llamar a los habitantes de esta zona) tiene que ver con el arte flamenco. La etimología de la palabra *flamenco* con que se denomina a esta música andaluza es discutida y posiblemente no tenga relación directa con Flandes.

Como vemos, las fronteras administrativas no equivalen a fronteras entre lenguas. El contacto entre personas y, en consecuencia, entre los idiomas que hablan, da lugar a un inevitable contagio de palabras. En lingüística se llaman préstamos lingüísticos, pero en realidad son palabras que no se «devuelven», son «regalos»: las huellas más duraderas y libres de algo tan triste e ingrato como un conflicto o una guerra.

Cuando en España no llamaban americanos a los de América

Cuando el presidente de los Estados Unidos Donald Trump declaraba que pretendía *«make America great again»* ('volver a hacer grande a América'), no se refería a hacer grande al continente, ni a Colombia, ni a Chile, ni a Bolivia. Quería hacer grandes a los Estados Unidos.

En la frase «Los americanos eligieron a Trump», ¿rechina algo? Si el lector presta atención, verá que en ella se hace equivaler a los ciudadanos de Estados Unidos con los americanos. Podemos decir que Trump es el presidente americano, sí, pero también lo es el presidente de Chile o el de Colombia. Podemos decir que los estadounidenses votaron a Trump, pero no que lo han votado «los americanos», ya que solo lo han hecho los habitantes de uno de los países del continente americano. Tampoco lo han votado los norteamericanos, sino una parte de ellos: no depositaron su voto en las urnas los habitantes de Canadá o de México, países también de Norteamérica.

La práctica de hacer lo americano equivalente en exclusiva a lo procedente de Estados Unidos está recogida en el diccionario de la Real Academia Española porque es el uso extendido entre muchos de los que hablan español, si bien, quienes se ocupan de las normas del español y de su empleo en los medios han advertido de que el gentilicio para hablar de quienes viven en los Estados Unidos debería ser *estadounidense*. Así, por ejemplo, lo recomienda la Fundéu y también la Real Academia Española en su *Diccionario de dudas*.

Desde el siglo XVIII, sobre todo después de la Declaración de Independencia de los Estados Unidos, nos podemos encontrar con esta identificación un tanto acaparadora de usar el gentilicio *americano* para aludir solo a una parte de los habitantes de ese continente: los residentes en Estados Unidos. De forma abreviada, los propios estadounidenses también se dieron a sí mismos el nombre de *americanos* (United States of America) y llamar *americanos* a los que son solo una parte de los americanos ocurre en otras lenguas europeas. No se da, en cambio, con otros continentes: hablamos de asiáticos o africanos sabiendo que son términos generales que no especifican país alguno de procedencia.

Si el 12 de octubre es festivo en España es porque un 12 de octubre de 1492 un almirante llamado Cristóbal Colón desembarcó en un lugar que creyó ser Asia y al que llegó en una temeraria apuesta por ir más allá del fin de la tierra conocida por los europeos. Como en la época pensaban que lo único que estaba al otro lado de Europa era Asia, llamaron *Indias* a esa tierra que tocaron e *indios* a sus habitantes. La percepción de que ese territorio era una novedad en los mapas y que se interponía en el camino hacia Asia corresponde a varios geógrafos del XVI. Uno de ellos, el alemán Martin Waldseemüller, latinizó el nombre de Amerigo Vespucci, expedicionario florentino residente en Sevilla, y lo convirtió en *Américo*. Dado que todos los continentes tienen género femenino, *Américo* se hizo *América*. Pero en España durante los siglos XVI y XVII no se utilizó demasiado esta palabra. Los españoles usaban primero otras formas, como «Nuevo Mundo» (porque de hecho era nuevo... para los europeos) o también *Indias* o *Indias occidentales*, lo que implicaba perpetuar el viejo nombre erróneo de la época en que se creía que ese territorio era asiático.

Poco se usaba en España el nuevo nombre del continente, y menos aún su gentilicio derivado. De hecho, es curioso que ya en francés e inglés se utilizaban *américain, american* cuando en España se prefería hablar de «los indios». Normalmente, en el siglo XVII, cuando se habla de algo americano en textos españoles es para referirse a plantas, animales o costas y no tanto a los habitantes del continente. Las formas *América* y *americano* se extienden en España a partir del XVIII y la palabra *americano* tuvo en principio un uso más general en América, posiblemente por la cuestión de una identidad naciente de la independencia de América respecto a la metrópoli de la que dependía políticamente.

Hubo poca inocencia, pues, en el gentilicio. Y menos aún en otros términos que se han usado para referirse específicamente a las zonas no inglesas de América, como la forma *Latinoamérica*, que se empezó a usar a mediados del siglo XIX para tratar de incluir en un término no solo a la América española, sino también a la América de habla portuguesa y a la de órbita francesa, todas ellas hablantes de lenguas procedentes del latín. En una época en que Francia aspiraba a influir en México, la palabra *Latinoamérica* resultaba muy favorecida en el ámbito galo. Hoy ha dado lugar al adjetivo *latino* para aludir a los migrados que llegan de otras zonas de América hasta los Estados Unidos, así como a su descendencia. Y no, tampoco los latinos de Estados Unidos eran incluidos por Trump cuando declaraba que quería hacer a América *great again*. Es fácil que los nombres sean inclusivos y abarcadores, pero más complejo es que lo sean las sociedades que los usan.

Migrar, inmigrar, emigrar y otras palabras para la ausencia

Cuando eran los pájaros los que se desplazaban regularmente, cada año, en un esperado ciclo que hacía del tiempo algo previsible, la palabra *migrar* estaba fijada y soldada a la realidad de las aves. Ahora migran las personas en procesos y formas no siempre estables ni repetidos, migran los correos electrónicos a servidores nuevos y, al parecer, migran hasta nuestros datos de alguna manera oscura. La palabra *migrar* se ha vuelto frecuente y junto con las voces más específicas *emigrar* e *inmigrar* se ha formado una tríada con significado repartido internamente: el verbo *migrar* se ha convertido en el elemento general englobador de los procesos de desplazamiento, mientras que los vocablos *inmigrar* y *emigrar* trabajan en pareja y de forma complementaria para aludir a los tipos de migración de manera más específica.

La pareja *inmigrar-emigrar* designa un mismo movimiento, pero contemplado desde distintos puntos de vista: *emigrante* es quien se va, *inmigrante* es el que llega. Dos son las perspectivas, pero es una la realidad. Ambos verbos han salido de una misma base latina, MIGRARE, a la que el prefijo *ex*, simplificado en *e*, añade el sentido de 'salir, marcharse' y el prefijo *in* aporta el valor de 'entrar, acceder a un lugar desplazándose desde otro'. O sea, quienes llegan a España para buscarse las habichuelas son inmigrantes, quienes se van de España con el mismo objetivo son emigrantes. Una misma persona es vista como *emigrante* por el vecino de la casa que deja y es vista como *inmigrante* por el vecino de la casa a la que llega.

Hay más parejas de ese tipo en el idioma, por ejemplo, la que hacen los verbos *ir* y *venir* o *llevar* y *traer*. Al salir de mi casa te aviso por teléfono: «Te *llevo* un pastel», y al llegar a tu casa te lo doy con un «Aquí lo *traigo*». No diría «te traigo un pastel» si aún no estoy en tu casa, ni usaría «te he llevado uno de crema» si estoy ya entrando en la puerta de tu domicilio: *llevar* y *traer* nos conducen a un elemento por el espacio de la lengua y lo presentan desde la perspectiva del que se dirige hacia un sitio o del que ha llegado a un lugar.

Por su parte, la palabra *migrante*, en auge en los últimos años, ha servido para reunir a ambas visiones. Aunque primeramente se sintió *migrar* como sinónimo de 'emigrar' y no 'inmigrar', hoy la palabra *migraciones* es una forma englobadora (técnicamente, un hiperónimo) que engloba ambos movimientos; así, en el nombre del Ministerio de Trabajo, Migraciones y Seguridad Social de España, el sustantivo *migración* debe aludir a los movimientos de salida y entrada de población desde un territorio.

Aunque es bastante común el proceso por el que una lengua adopta un término como general para después irlo enriqueciendo con apreciaciones más precisas, para el caso de la terna *emigración / inmigración / migración*, la situación ha sido justamente la opuesta. Se generalizó primero la palabra *emigración*, que es latina pero llegó al español desde el francés a finales del siglo XVIII, cuando Moratín la empieza a emplear para los que salen de Francia por la Revolución Francesa, o, después, para los que salieron de España por la Guerra de la Independencia. Por su parte, la forma inversa *inmigración* apenas se emplea en español antes del siglo XIX, y en un principio se recogen más empleos de ella en el español americano que en el europeo.

Si bien el término latino es MIGRARE, en español los derivados sin prefijo se usaron muy poco. Aunque en el siglo XVI se documenta el uso de estructuras como *aves migradoras*, la aplicación del verbo *migrar* o sus derivados a personas es rara aún en el XVIII, y se empieza a generalizar el hablar de «corrientes migratorias» aplicadas a movimientos de personas a partir del siglo XX, y de nuevo, antes en América que en España. De hecho, el adjetivo *migratorio* no se extiende hasta el siglo XX y entró en el diccionario de la Real Academia a mediados de la pasada centuria.

Junto con los prefijos *in* y *ex*, hubo otro prefijo, *trans*, que se adjuntó también a *migrar* pero para darle un significado algo distinto: *transmigrar* hoy se usa en español con el valor de 'cambiar el alma de un cuerpo a otro' (a saber de qué forma) y alguna vez se ha utilizado para llamar al proceso por el que un país entero o casi al completo se desplaza para residir en otro. Hubo más combinaciones de *migrar* con prefijo en latín, pero no arraigaron en castellano: REMIGRARE ('mudar de nuevo'), COMMIGRARE ('migrar con alguien'), ADMIGRARE ('migrar para irse junto a alguien')... El gramático sevillano Antonio de Nebrija traducía al español (en su *Vocabulario español latino*, de 1495) todas esas palabras como 'mudar casa', ya que en el siglo XV aún *migrar* y *emigrar* eran palabras extrañas al idioma.

Los movimientos de pueblos y desplazamientos colectivos o individuales han sido constantes en la historia del mundo, pero se han convertido en hechos de agenda más recientemente y ello ha dado lugar a que se especialice un conjunto de voces técnicas para denominarlo. *Ir* y *quedarse* no son solo las palabras iniciales de unos versos de amor de Lope de Vega, también es la alternativa del que elige irse porque quedarse es ver irse las oportunidades. En general, en lo de *migrar*, *emigrar* o *inmigrar*, y también citando a Lope, lo que es temporal se termina llamando eterno y es lo que llaman en el mundo ausencia y en la vida infierno.

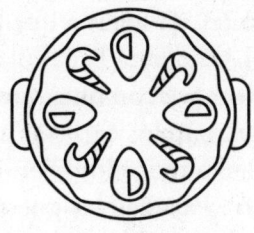

Guiri, te queremos

Un guiri no es meramente un extranjero, extranjeros son también los inmigrantes y nunca los llamamos así. Un guiri es un extranjero turista que hace un recorrido monumental o festivo por una ciudad y que, incluso, se instala en ella durante años, por ejemplo para su jubilación. En su origen, la palabra *guiri* tenía un sentido muy fijado y una marcación poco positiva. La palabra se empezó a usar en el siglo XIX en el contexto de las guerras carlistas. Los carlistas vascos llamaban a sus adversarios, los liberales, *guiris*. Por eso, aunque hay quien ha relacionado la voz con el turco *gaurí* (infiel, extranjero), es común derivarla de una abreviación del vasco *giristino*, que sería una evolución a su vez de la palabra *cristino*, o sea, partidario del bando de la reina María Cristina. Los guiris eran los soldados del frente contrario, y así aparecen en la literatura de fines del XIX. Es Emilia Pardo Bazán una de las primeras en documentar la palabra en la literatura. Su relato *Un viaje de novios* (1881) pone esta frase en boca de un vasco, siempre como forma despectiva de llamar a los del bando liberal: «A mí me daba, vamos, tanta tristeza de ver corretear las columnas *guiris* por aquellos picachos adonde solo subíamos, con la ayuda de Dios, los mozos del país y las fieras de los montes...». Benito Pérez Galdós, por su parte, también la emplea en *Zumalacárregui* (1898). Este ambiente de uso, en que *guiri* tiene un indudable significado político, da lugar a que la palabra entre en el diccionario de la Real Academia Española en 1925 justamente con esa definición: 'Nombre con que, durante las guerras civiles del siglo XIX, designaban los carlistas a los partidarios de la reina Cristina, y después a todos los liberales, y en especial a los soldados del gobierno'. Pasadas las guerras carlistas, *guiri* va a ser ya en el siglo XX la voz de jerga para denominar al guardia civil. La transición hacia el significado de 'turista extranjero' que le damos hoy es, pues, de la segunda mitad del siglo XX y de hecho se refleja en los diccionarios españoles muy al final del siglo pasado: es una prueba más de que nuestras palabras cambian sus significados en fecha próxima también y que se puede hacer una historia de la lengua del siglo XX.

Hay otro significado de la palabra *guiri*; la voz da nombre en Almería a un tipo de arbusto llamado en otros ámbitos hispánicos *retamo* o *espinillo*. Es un significado raro, pero tiene su guiño que en esa provincia andaluza donde tantas pelis de vaqueros se rodaron en los años sesenta hubiera, a su manera y por vía de flora, un buen puñado de guiris plantados y una buena cifra de guiris actuando.

Cierto es que cada cual usa la palabra *guiri* con las connotaciones y el valor que le apetezca, y es difícil dar un sentido absolutamente positivo a esta voz. La propia palabra *turista* no es insultante, pero si decimos que un espectáculo o un restaurante es *para turistas* estamos concediendo a esa realidad un valor de poca autenticidad o precio abusivo. Incluso el reciente fenómeno de la turistofobia está haciendo que muchos turistas prefieran ser denominados *viajeros*. Manejamos las palabras a nuestro antojo: su significado no está fijado para siempre en un mapa de los que manejan los guiris. En países con una economía fuertemente dependiente del turismo, habría que ser necio para no dejar en nuestro corazón un rincón para todo guiri.

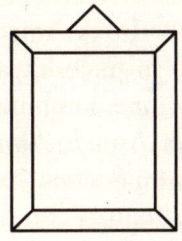

El hombre del retrato

El cuadro de Ignacio Zuloaga se llama *El viejo requeté*. El retrato es crudo: un hombre arrugado que posa sin demasiada firmeza, con sonrisa tierna y algo misteriosa, la boina roja ladeada, manos grandes, el bigote cano ya muy despoblado y un rígido uniforme de campaña que le queda grandón; sobre la figura hay un cielo que vacila entre negro y azul brillante, y de fondo está el paisaje terroso de la guerra carlista en la que el veterano había combatido. El cuadro se expuso en 1938 en el Pabellón de España de la Bienal de Arte de Venecia, bajo el comisariado de Eugenio d'Ors, dentro de la selección de obras que valió a Zuloaga el premio internacional de la muestra. En esa fecha, nada de lo que se hacía sobre España fuera de España podía ser casual, nada podía estar libre de propaganda. Los prolijos *Diarios* de Galeazzo Ciano, ministro de Asuntos Exteriores de Italia de 1936 a 1943 y yerno de Mussolini, recogen cómo Pedro García Conde, embajador en Italia, el primero de los diplomáticos nombrado por la España nacional, regaló en 1938 el cuadro a Ciano en nombre de Franco. Ciano muere fusilado en 1944 y Edna Mussolini, su esposa, dice en una carta por esas fechas que ese viejo del cuadro le hace compañía en su casa y que parece seguirla con la mirada.

El hombre del retrato está identificado con todo detalle: se llamaba Wenceslao Alonso; navarro, de Lerín, se dedicaba a la trata de ganados. Era el padre de Amado Alonso. Este nombre resulta sin duda familiar a quien haya estudiado una carrera de letras. Filólogo de los que combinaba el estudio de la lengua con el de la literatura, Amado Alonso (1896-1952) fue un gran teórico de la expresión poética, reconstruyó la historia de los sonidos del español, analizó con finura hechos de gramática de las lenguas romances y fue uno de los pioneros en observar científicamente el español americano. Su obra, aun limitada por una muerte temprana, es amplísima; Amado Alonso investiga, extrae datos, pero, sobre todo, interpreta, interpreta muy bien. Por ello, no es difícil encontrarlo citado en una clase o una publicación actual: está en el canon, si ello existe, del hispanismo del siglo XX.

Más de un siglo después del nacimiento de Amado Alonso, el 13 de septiembre de 1896, creo que tiene pleno sentido atender a las geografías del hijo de ese viejo requeté. Alonso se forma en Madrid con Menéndez Pidal, en el Centro de Estudios Históricos que tanto y tan bien nutrió a la universidad española de la primera parte del siglo XX; amplía sus estudios en Hamburgo y, al volver a España, cuando ha iniciado ya una brillante carrera como investigador, le surge la oportunidad de su vida: una invitación para dirigir el Instituto de Filología de la Universidad de Buenos Aires (hoy llamado, con toda justicia, Instituto de Filología y Literaturas Hispánicas Dr. Amado Alonso). De 1927 a 1946 vive con su familia en Argentina, con una fuerte implicación en la cultura y el desarrollo académico de su nuevo país. Sus trabajos investigadores muestran una vida rica en estímulos intelectuales: ahora que estamos habituados a una escritura científica forzosamente aséptica y fría, nos sorprendería leer en una nota al pie de un trabajo de Alonso sobre los diminutivos cómo, a cuenta del *cuchillito* de *Bodas de sangre* (Lorca lo había escrito en su drama: «Con un cuchillito que apenas cabe en la mano, pero que penetra fino por las carnes asombradas... un cuchillito, pez sin escamas ni río»), el filólogo cree haber detectado que en el texto lorquiano hay un pasaje que tiene mal repartidos los parlamentos de los personajes y explica cómo, en una conversación amistosa que tiene con el propio Lorca en Argentina, este le ha confesado que fue exigencia de su actriz principal para acaparar más protagonismo la modificación del texto primitivo. Es solo una referencia, pero hay cientos más; en las fotografías y biografías que nos ofrece una indagación sencilla en redes y bibliotecas, el nombre de Amado Alonso se mezcla con lo mejor de la intelectualidad hispánica de su tiempo, la de España, la de Argentina y la del exilio español en América: Alonso es maestro de Rosa Lida y de Ana M.ª Barrenechea, amigo (que no familia, pese a la coincidencia en el apellido) del poeta y profesor Dámaso Alonso, de Pedro Salinas, de Alfonso Reyes, de Francisco Ayala; Alberti decía de él que era «franco y alegre, con algo de pelotari». Luego, a partir de 1946, las cartas, las fotos, los lugares de publicación de sus libros se desplazan. El duro acoso peronista lo hace exiliarse a la Universidad de Harvard. La última cruz en el mapa de la vida de Amado Alonso hay que ponerla en Estados Unidos, un país cuya lengua no manejaba con fluidez y en cuya universidad, esa universidad tan fertilizada por el exilio republicano español, dio a la luz sus últimos textos.

En una época de incertidumbres, los lugares que se habitan son indicios de identidad, los únicos a los que podemos rendirnos. Igual que las rayas que computan los días en el calabozo, sin ser un texto, escriben de alguna forma el cautiverio del preso, las marcas en los mapas, sin ser un cuadro, son, vistas de lejos, una perfecta pintura, que solo la unión de los puntos permitirá salvar del olvido. Estoy hablando de Amado Alonso como pudiera hablar de otro español con una biografía similar a la suya, la de quien pudo ser español o pudo ser argentino y terminó siendo profesor en Boston. Hoy trato de unir los puntos del mapa y la pintura resultante es la de una España que estaba fuera del territorio efectivo de España y cuya obra debemos conocer, por sí y por su moraleja: contar su historia es concluir que nuestro porvenir está más condicionado a la política de lo que imaginamos desde nuestra comodidad actual.

No sé a qué coleccionista anónimo mira ahora el anciano requeté, el padre de Amado Alonso. El cuadro se lista entre los productos que Christie's Nueva York subastó públicamente en mayo de 1997. Pero hay otra cruz en el mapa: me topo con el blog personal de una estadounidense que escribe en inglés la historia de su familia; estoy leyendo las palabras de una mujer llamada Marjie y descubro que es la nieta de Amado Alonso. Con la inseguridad de quien cuenta una batallita ajena cargada de nostalgias, Marjie narra en su blog que un anciano retratado por un tal Zuloaga, español, era su bisabuelo y que, ya que no pueden tener el cuadro real, en casa han encargado a un artista local una copia a partir de una foto. Y ahí está en el *blog* la imagen del cuadro de 2014, con el requeté Wenceslao sentado otra vez bajo el mismo cielo azul y negro y colgado en una pared de Boston. El veterano carlista del nuevo cuadro sigue teniendo la oscuridad de Zuloaga y la ternura de un anciano a quien se ha retratado sin fiereza. Tal vez siga pensando que la política en este nuevo siglo no debería dejar marcas tan dolorosas en los mapas.

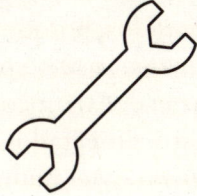

España fuera del español

Comerse una ensaladilla rusa, hacer una tortilla francesa, usar una llave inglesa o ponerse una americana, que las cosas nos suenen a chino, tener un perfil griego, hacerse el sueco, despedirse a la francesa, votar una aprobación a la búlgara... En español ponemos marca de nacionalidad a cosas y hechos determinados no solo referidos a comidas o expresiones culturales propias de un lugar. Si buscamos a la inversa, ¿cuándo y para qué se usa España y lo español en otras lenguas?

El adjetivo *español* y el nombre de España están en muchas expresiones fuera de nuestra lengua, algunas son propias de un idioma concreto y otras son compartidas por varios, posiblemente porque han circulado traduciéndose de una lengua a otra.

Un grupo muy curioso de locuciones se refiere al español como lengua, lo que trasciende incluso a la propia marca España como país. Tenemos, por una parte, algunas lenguas para las que el español se relaciona con lo incomprensible o lo extraño. Así, en eslovaco decir que algo es para ti 'un pueblo español' (*To je pre mňa španielska dedina*) es lo mismo que declarar que te suena incomprensible y lo mismo ocurre en checo (*španělská vesnice*), lengua de la que, según parece, emanó esta expresión por sugerencia del literato Goethe. Algo parecido ocurre en alemán, donde si algo te suena raro o poco fiable es que 'te suena a español' (*Das kommt mir spanisch vor*). En francés tampoco salimos bien parados, porque 'hablar como una vaca española' (*parler comme une vache espagnole*) es hablar francés muy mal. Basta cruzar el Atlántico para encontrar un tópico distinto, casi opuesto; en Estados Unidos, sobre todo en el ámbito viral de los *memes* y el humor que circula en redes sociales, se dice de alguien que 'llora en español' si se quiere aludir al carácter dramático, exagerado con que se lamenta.

Un segundo grupo apunta a hechos y cosas que se acompañan del adjetivo *español*, la mayoría de ellos negativos y en buena medida inmerecidos. Quizá la más injusta de las calificaciones es la de 'gripe española', que se especifica así en varias lenguas (en inglés: *Spanish flu*; en eslovaco: *španielska chrípka*; en alemán: *Spanische Grippe*...). Estas expresiones hacen alusión a la pandemia de gripe de 1918, que mató a 40 millones de personas (entre ellas, a Gustav Klimt) y que no fue en absoluto de origen ni de difusión española. A España se le colocó esa fea atribución global porque fueron los medios de nuestro país los que más se hicieron eco de los devastadores efectos de esta enfermedad, mientras que otros medios internacionales ocupaban sus páginas en la Primera Guerra Mundial y censuraban los informes sobre los efectos de la gripe en sus habitantes para no dar impresión de debilidad a los enemigos. España, que no participó en esa guerra, dejó circular informativamente los problemas de esa gripe y lo pagó con su marca. Otro concepto negativo acompañado del adjetivo *español* aparece en francés, donde decir que un sitio parece 'el albergue español' (*l'auberge espagnole*) es calificarlo de desorganizado. Dentro del repertorio de elementos negativos figura también todo lo que tiene que ver con la Inquisición, horizonte constante de la leyenda negra española, que, aunque rebatida historiográficamente, sigue pululando en forma de tópico en otras lenguas. Por ejemplo, algunos elementos de tortura usados por la Inquisición se nombran fuera de España con el apellido *español*. Así, la bota era una forma de suplicio basada en meter la pierna del interrogado en un calzado alto y, simplificando mucho, machacarle los huesos. Eso se llama en eslovaco 'bota española' (*španielska čižma*). El *Spanish tickler* del inglés o 'cosquilleo español' era otro instrumento de tortura inquisitorial. Y hay algunos ejemplos más: el más divertido corresponde a la frase *Nadie espera a la Inquisición española*, que se usa en inglés (sobre todo en un *meme*) para aludir a la severa e insospechada visita de un amenazante supervisor. La frase deriva de un conocido episodio televisivo de los Monty Python.

    Otros inventos ligados a lo español son menos sórdidos: en las antiguas batallas, para defender un lugar se clavaban en el suelo piedras puntiagudas, de forma que los caballos tuvieran difícil el acceso y los jinetes hubieran de hacer el recorrido más escarpado a pie. Esto se observa ya en murallas de época prerromana de zona céltica e ibérica y se ha llamado 'jinete español' en alemán y eslovaco (*spanischer Reiter* y *španielsky jazdec*). Para que veamos cómo se cruzan denominaciones, cabe decir que en español esto lo llamamos 'campos de piedras hincadas' o 'caballo de Frisia', o sea, que no nos atribuimos la invención y se la adjudicamos a una zona de los Países Bajos. Más irreal es lo que pasa con los castillos españoles en francés: hacer castillos en España (*faire des châteaux en Espagne*) significa en el idioma vecino 'hacer castillos en el aire'.

    También son españolas algunas realidades más o menos pintorescas. En alemán se habla de *Spanische Fliege* o mosca española para un tipo de insecto, y también se hace español al biombo, que es llamado 'pared española' (*Spanische wand*), al igual que ocurre en eslovaco (*španielska stena*). En España hemos traído la palabra *biombo* desde el portugués, que a su vez pudo importar la palabra desde el japonés, pero en las dos citadas lenguas se liga ese invento asiático con España, cuyos galeones seguramente trajeron desde Manila el invento.

Por último, está la comida. No nos sorprende que el aceite de oliva andaluz sea llamado fuera de España 'aceite español' (o, incluso, tristemente, 'aceite italiano'); lo llamativo es que en Alemania se hable de un *spanischer Paprika* o pimentón español; que en italiano llamen *spagnola* a una receta de helado con guindas que en España no consumimos habitualmente o que en checo y eslovaco hablen de 'pajarito español' (*španělský ptáček* y *španielsky vtáčik*, respectivamente) para una receta de rollo de carne relleno de verduras.

En general, los hispanohablantes no somos conscientes de qué cosas resultan españolas a los ojos de los demás: suelen ser elementos llamativos, exóticos o basados en estereotipos. Puede ser que nos enfademos por algunas atribuciones, pero siempre podemos, como ofendidos, mandar estas expresiones foráneas al quinto pinto... cosa que, por cierto, en alemán se dice 'mandar a alguien a la Pampa' (*jemanden in die Pampa schicken*).

RAÍCES DE MI ÁRBOL

Las raíces aguantan a los árboles y los alimentan. Unos árboles tienen raíces cortas y limitadas, otros extienden sus brazos hebrosos tan lejos que la finura de los últimos dedos impide ver el final del sustento. Los árboles de la lengua tienen en sus raíces las palabras de la infancia y las aprendidas en las academias, albergan a las lenguas adquiridas y a las estudiadas; son siempre más grandes y fuertes las raíces que las propias copas y el ramaje. Las raíces de mi árbol de la lengua son andaluzas, y sobre ellas estoy construida. Por eso, no hay casi una historia dentro de las de este libro que no albergue a Andalucía. Se reúnen ahora cinco que, concretamente, son sobre todo historias del español hablado en Andalucía: cómo nos ven y cómo nos vemos en los medios, qué palabras nos caracterizan y qué palabras no son tan andaluzas como nos las pintan. Mis lectores no andaluces reconocerán en estos textos formas lingüísticas (como el seseo, tan americano), ideologías en torno a la lengua y rasgos que, a buen seguro, les resultan familiares.

El 2 de agosto de 2017, el cónsul de España en Washington fue destituido por parodiar en una de sus redes sociales el acento andaluz de la presidenta de la Junta de Andalucía y su vestido, similar al que llevaba la reina doña Letizia en el acto institucional en que ambas coincidieron.

Y mi reacción fue esta...

El cónsul y los vendimiadores

Dos noticias que afectaban a los andaluces, directa o indirectamente, aparecían en la prensa ayer. El cónsul español en Washington ha sido destituido por un comentario ofensivo que había hecho en su Facebook sobre el atuendo y la forma de hablar de la presidenta de Andalucía. Los comentaristas prestaron notable atención a este tema y a la ineficacia como diplomático de alguien con un comportamiento tan impertinente. La segunda noticia era la llegada masiva de trabajadores andaluces a la campaña de vendimia francesa, que los medios explicaban por las ventajosas condiciones laborales de nuestros vecinos.

¿Cuánto hay de sesgo económico en la crítica social a un acento? Cuando explico a mis alumnos la historia de la lengua española, tengo ineludiblemente que acercarme a esa pregunta. Los castellanos prestigiaron el modelo toledano de hablar (aunque no sabemos muy bien en qué consistía este) mientras Toledo fue influyente; cuando, en el XVI, se propagó en España la manía por la limpieza de sangre y se asoció

Toledo a un viejo pasado de mezcla musulmana y subsistencia judía, tal canon se derrumbó. Si los españoles de hoy dicen aún que el modelo de buen hablar español está en Valladolid (y no en zonas vecinas como Burgos o Zamora) y en Madrid es porque ambas han sido capitales de España. El hecho de que en Sevilla surgieran en el siglo xvi fenómenos hoy tan extendidos por América como el seseo o la desaparición de *vosotros* tiene que ver con la capacidad de disidencia lingüística frente a la corte que tuvo la cabeza de Andalucía en la fértil época del comercio indiano, cuando en el puerto de Sevilla atracaban los barcos de América. A mayor capacidad económica de un lugar, más prestigio lingüístico tienen sus rasgos. La gente empieza a hablar distinto, inicia un cambio en la lengua, pero solo consiguen difusión hacia arriba y terminan llegando al habla estándar los fenómenos que resultan prestigiosos porque están respaldados por un núcleo de poder económico o social.

No es de lengua de lo que estamos hablando. De nuevo hay que citar la divisa de la campaña de Clinton: «Es la economía, estúpido». Y ni siquiera es solo la economía. Se está hablando de supremacías que se quieren defender: de ridiculizar a la presidenta porque lleva el vestido del color del de la reina; de ningunearlas a ambas, en el fondo, porque el cónsul no se ha fijado en que, en la foto, ambas están escoltadas por dos políticos con iguales trajes de chaqueta azules y similares corbatas de rayas. ¿A alguien se le ocurriría faltar el respeto a ellos con el argumento de que no coordinaron modelito? Se ridiculiza la apariencia, que es el primer signo de identidad, y se ridiculiza la forma de hablar, que es el segundo signo con que nos presentamos a los demás.

Todos hemos imitado el acento de algún hablante de español alguna vez, y los paniaguados límites de la corrección política no deben frenar la voluntad de cualquiera de remedar acentos como el catalán, el cubano, el gallego, el argentino o el vasco (cito los que me vienen a la cabeza como más imitados). La cuestión con el andaluz, sin embargo, rebasa la de los otros acentos que enriquecen la pronunciación (y también la gramática y el léxico) del español general, ya que ha sido tristemente común utilizarlo como arma de denigración al adversario político (¿cómo vas a gobernar bien si hablas andaluz?), como rasgo identificativo de una clase social baja (la asistenta de la serie de turno es siempre andaluza) y como forma de hablar incapaz de usarse para contenidos serios (aunque seas Premio Príncipe de Asturias, si hablas andaluz, lo que dices es *gracioso*). ¿De quién es la responsabilidad de estos hechos? Seguramente los andaluces hemos consentido demasiado y seguramente las instituciones han consentido demasiado: hasta lo que sé, es la primera vez, con el cese de este cónsul tan sin gracia, que se castiga políticamente a quien menoscaba la forma de hablar andaluza, y hay que felicitar al ministro de Asuntos Exteriores, el jerezano Alfonso Dastis, por la determinación ejemplarizante de su decisión.

Claro que en el español de Andalucía hay rasgos que tienen poco prestigio, y los primeros que los consideramos vulgares somos los propios andaluces, que los usamos en los entornos informales y no en la tribuna pública. He impartido miles de horas de clase en la Universidad de Sevilla hablando con el acento que tiene una sevillana de mi edad, y en ese acento va incluida la alteración de la *s*, pero no el rotacismo (*alcalde> arcarde*) que seguramente empleo cuando estoy relajada en un ambiente amistoso. Por cierto, también me entendían en las universidades de Tubinga y Oxford los alumnos extranjeros a los que di clase, que agradecían notablemente que alguien les hablase en la norma de pronunciación más próxima a América, a donde miraban (más que a España) como horizonte profesional. También hay rasgos considerados vulgares en el español hablado por los catalanes (y acudo a la variedad que practica el cónsul), como la pluralización de *haber* (*habían muchos coches*). En el andaluz, como en otras variedades, hay un estándar más o menos tácito, que es el que en general emplean políticos y periodistas cuando hablan en público.

No tienen cabida en el estereotipo andaluz que algunos se empeñan en perpetuar el primer gramático del español, el sevillano Nebrija, ni los ocho premios Nobel de Literatura (de once) que proceden de la zona donde se habla norma meridional (América o Andalucía). Pero no tiene sentido sacar más argumentos lingüísticos o históricos, porque en el fondo no es la lengua lo que sustenta la burla del cónsul. Es la economía. Son los vendimiadores.

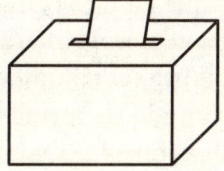

Con acento andaluz

En una época en la que estamos acostumbrados a juzgar una carrera profesional por una imagen o un tuit de quince palabras, empieza a ser normal que el fondo quede relegado por la forma y que esta sea el hilo conductor —superficial y banalizado— de algo tan relevante como un proceso de refrendo político. Críticas comunes del electorado a sus cargos políticos, como que solo busquen la foto, revelan que los propios votantes perciben esa prelación de la forma sobre el fondo y advierten el ocultamiento de los programas y contenidos bajo una montaña de gestos electoralistas. Pero la separación entre fondo y forma puede ser más teórica que real y ello se ha manifestado en la campaña electoral andaluza de diciembre de 2018. En ella, la forma lingüística de los mensajes, la pronunciación que se ha elegido para ellos, ha sido un vehículo utilizado para hacer campaña; la forma se ha hecho fondo y esto no parece haber sido casual.

En efecto, las declaraciones y anuncios, los debates y entrevistas, tan diversos como la ideología de cada candidato, han estado cubiertos por la forma común de un acento andaluz que ha sido más protagónico que en convocatorias previas. Bien es cierto que ninguno de los cuatro aspirantes que se presentaban ha impostado un acento madrileño en elecciones anteriores, pero ha sido percepción generalizada que para esta convocatoria electoral la neutralización de sus rasgos andaluces ha sido menor que en otras citas ante los medios. Los seseos han sido más frecuentes, la alteración de la *s* al final de una sílaba o de una palabra (el fenómeno común de todas las hablas andaluzas) se ha dado de forma más constante, la pérdida de la *d* intervocálica (rasgo no exclusivo del andaluz, por otra parte, sino bastante generalizado en el mundo hispánico) ha sido profusa y los anuncios de campaña han recurrido en general a una voz en *off* con fonética andaluza.

Desacostumbrados a escuchar el propio acento con tanta persistencia en los medios, ha habido quien se ha preguntado si no podíamos estar incluso ante acentos impostados o exagerados a propósito, usados para mover los afectos de los andaluces exclusivamente cuando llegan los *días señalaítos*. Con todo, y hasta donde me alcanza el oído de ser filóloga y andaluza, no parece que haya falsedad en esas formas de pronunciar, que suenan naturales y propias del área de cada candidato (dos gaditanos, una sevillana y un malagueño). Entonces, ¿por qué llama la atención oír a unos andaluces hablando en español andaluz cuando asumen una posición de protagonismo público? Seguramente haya mucha falta de costumbre, tanto fuera como, lo que es peor, dentro de Andalucía.

Cierto es que la pronunciación del español de Andalucía ha sido tristemente menospreciada en los últimos años. Sabemos que la crítica a un acento está basada solo en razones socioeconómicas; son hechos no lingüísticos los que subyacen a las burlas que recibe el andaluz como forma de habla. Como ciencia, la lingüística no considera que ningún rasgo de pronunciación de ninguna lengua sea peor que otro, y no se pueden caracterizar como desvíos del español los rasgos más llamativos de la pronunciación andaluza (la mayoría presentes también en América), que tienen justamente la misma antigüedad que los de la pronunciación castellano-norteña. Pero el tópico pesa y una parte de los hablantes andaluces (entre los que se encuentran profesionales muy visibles mediáticamente como políticos, locutores, periodistas e incluso docentes universitarios) sigue haciendo a menudo denodados esfuerzos por ocultar o enmascarar su acento andaluz al hablar en público.

Posiblemente los candidatos han hallado en el acento, por vía empática y emocional, una forma de acercamiento muy persuasiva; con él tratan de defender que están cercanos a la gente, que no menosprecian a sus votantes, que defienden sus intereses y que respetan una de las primeras marcas de identidad con que nos relacionamos en sociedad, la forma de hablar. Es una naturalización muy fácil. Pero aunque sea por esa pensada estrategia, solidaria de gestos campechanos clásicos como el beso al bebé o las manos extendidas en el mercado, el hecho es que este auge de la forma lingüística andaluza en el discurso político rema en una dirección positiva: la aparición de la pronunciación andaluza en la tribuna pública y no solo en los personajes de estratos bajos de la ficción audiovisual. Aun si la intención es más electoralista que propiamente reivindicativa, creo que el resultado es beneficioso, ya que los hablantes sienten que está desprestigiada toda forma de hablar que no tiene suficiente presencia mediática o que solo se hace presente en el dominio público a través de estereotipos que debilitan o socavan la imagen propia. Posiblemente sin pretenderlo de forma primaria, estos candidatos han ayudado a hacer normal en los discursos políticos el acento andaluz. Ahora se trata de que cuando pasen las elecciones ninguno de ellos se quede mudo ante sus votantes, los mismos que deberíamos mirar en ellos y en sus discursos más el fondo que la forma.

Despasito le gana la batalla a *Despacito*

Muchos han cantado *Despacito*, el reguetón que Luis Fonsi compuso con Erika Ender y que apareció en enero de 2017. Ahora bien, ¿cuánta gente de verdad canta *Despacito*? ¿Hay alguien que cante *Despacito* y no *Despasito*? Creemos que muy pocos.

Sin formulario de encuesta alguno, podemos aventurar esta respuesta: la mayoría de los lectores de este libro pronuncia *despasito*. Simplemente por una cuestión de cifras. Son seseantes los hispanohablantes de América (esto es, pronuncian *malisia, destresa, rompecabesas...* por usar una de las cadenas rimáticas de *Despacito*). Eso explica que sesee el propio intérprete de la canción, portorriqueño: «Me voy asercando y voy armando el plan; / solo con pensarlo se aselera el pulso». Son seseantes quienes aprenden español en Estados Unidos, tanto por la influencia de los latinos estadounidenses como por la procedencia de los profesores de español de allí, normalmente también hispanoamericanos. Con su particular cara de intenso, hasta el ídolo de jovencitas Justin Bieber se puso a cantarla y de nuevo dijo *despasito*. El seseo en América es parte del estándar, y lo oímos sin rareza en los productos audiovisuales que se realizan al otro lado del Atlántico. En cambio, en España el seseo no tiene tanta presencia en los medios. Son seseantes los canarios y lo son muchos de los andaluces (por ejemplo, sesean en Sevilla capital).

Quienes no sesean serán posiblemente distinguidores, o sea, dirán *suavecito* y *despacito*. Pensemos en el madrileño Enrique Iglesias, que no decía *corasón* sino *corazón* en la canción que nos persiguió en 2016: «Con él te duele el corazón / conmigo te duelen los pies» (dos versos para una antología poética, sí). Son distinguidores la mayoría de los españoles peninsulares, que en sus medios no suelen tan frecuentemente oír el seseo. Y aún hay una tercera posibilidad, que se da también en buena parte de Andalucía: ser ceceante, y no albergar por tanto el sonido de la /s/: dirán «despacito» pero también algo como «zuavecito».

Una vez que has reconocido en qué grupo de los cantantes de *Despacito* te incluyes: seseante, ceceante o distinguidor, te cuento con cuántos más te codeas.

Las cifras son claras. Según el Anuario del Instituto Cervantes, en el año 2015, cerca de 470 millones de personas hablaban como lengua materna el español; y los hablantes españoles (únicos donde está arraigada la distinción *despacito / despasito*) son algo más de 40 millones (de ellos habría que excluir a canarios y a los andaluces seseantes). Pues sí, parece que son pocos los que cantan *Despacito*, al menos si los comparamos con los que dicen *Despasito*.

Y ¿por qué sesean más de 400 millones de hablantes de español? Veamos: en castellano no existe el sonido de la *z* (*cerveza, cereza*) hasta el XVI. Antes de esa fecha los castellanos (todos, al norte y al sur) pronunciaban la *z*, o *ce, ci* con algo parecido a la /ts/: palabras como *plaça, espaçio* o *maliçia* se escribían con *ç* y sonaban como hoy dices la voz italiana *pizza*. Este sonido se perdió, por diferentes razones, a partir del XVI y fue reemplazado de dos formas distintas: el centro y norte de España en vez de decir /ts/ empezaron en el XVI a pronunciar como *c, z* el sonido de la letra *ç* (o sea, pusieron la lengua entre los dientes). En cambio, andaluces y canarios (y desde ellos, los americanos) no generaron un sonido nuevo desde ese sonido de la *ç* sino que reciclaron, aprovecharon la /s/ que ya tenían. O nuevo sonido: *despacito* pronunciado ya no con /ts/ o confluencia con la /s/ existente: seseo.

El seseo americano está emparentado con el andaluz; fue la marinería y la población andaluza, que recaló en Canarias en su viaje atlántico, la que mayoritariamente llegó a América en el XVI. La ortografía, eso sí, no es tan bamboleante como la cintura de la modelo que baila en el vídeo de *Despacito* (la miss Zuleyka Rivera, que seguramente diga su nombre con *s*, pues es de Puerto Rico) y se fue fijando en torno al español central. Por cierto, también participa en *Despacito*, y sale en el vídeo, un señor llamado Daddy Yankee, que dice algunas cositas sueltas en inglés. Pero también sesea: es puertorriqueño y su nombre real es Ramón Luis Ayala. El prestigio del inglés ha cuajado *despacito* pero fuerte.

Rosalía:
malamente (tra, tra) no es tan malo

Es el estribillo de la canción de Rosalía. Suena en primer plano su voz flamenca mandando con fuerza al son de palmas: «Malamente, ¡mira!, ¡tra, tra!» mientras que de fondo la misma cantante musita como quien repite un tantra: «Mu' mal, mu' mal, mu' mal». Aunque no salen en el vídeo, podemos imaginar muchas caras de hispanohablantes pasmados ante la frescura de un *malamente* que suelen condenar los libros sobre buena escritura en español. ¿Es una forma andaluza, usada por esta cantante catalana para recrear más propiamente un imaginario flamenco en su música? ¿De verdad está muy mal lo de decir *malamente*?

Ponte la canción de Rosalía de fondo y transforma el «tra-tra» en «tres, tres»: los argumentos que necesitamos para entender por qué, al menos dentro de la gramática y la historia del español, *malamente* no es tan malo como nos lo pintan.

El primer argumento es el propio esqueleto de *malamente*. Todos los adverbios que acaban así se refieren al modo o manera con que hacemos algo (hablamos *pausadamente*, nos quejamos *amargamente*). En todos los casos, combinamos la palabra *mente* (la misma que usamos en español cuando decimos que alguien tiene «una mente maravillosa») con un adjetivo que concuerda con ese sustantivo femenino. Metemos a la mente en el cuerpo de un adjetivo para crear un adverbio, y hacemos esa estupenda combinación desde la época latina. Lo que empezó siendo un conjunto de palabras cuyo significado se percibía de manera separada («hacer algo con buena mente») empezó a soldarse hasta que *mente* quedó como una terminación capaz de adjuntarse a cualquier adjetivo para convertirlo en adverbio.

Malamente no esconde ninguna desviación con respecto a la formación normal de cualquier adverbio que termine en –*mente*: parte de un adjetivo en femenino (*mala*, el mismo que se emplea en una frase como *lo has hecho de mala manera*) y adhiere a ese adjetivo una *mente* detrás. ¿Qué problema hay? Ninguno. Es verdad que ya hay un adverbio *mal* y que podríamos decir *lo has hecho mal* en lugar de *malamente*, pero que exista una forma adverbial sin –*mente* no impide que usemos la forma con esa terminación. Por ejemplo, alguien podrá decir de mí que *hablo rápido* (donde *rápido* es un adverbio, no varía en género) o que *hablo rápidamente*. Y nadie le tiraría piedras a ese *rápidamente* porque exista un *rápido* adverbial. ¿Por qué se las tiramos a *malamante*? Vayamos al segundo argumento.

El segundo argumento es histórico: ¿desde cuándo hay *malamentes* en nuestra lengua? Pues prácticamente desde el principio; si damos al castellano por nacido en el siglo x y asumimos que por puro azar no todas las palabras se documentan desde el minuto uno, podemos colegir que nuestros antepasados decían *malamente*, ya que lo encontramos desde los primeros textos tanto en la escritura notarial como en la literaria. Un texto legislativo del siglo XIII, el *Fuero de Viguera*, castigaba con una multa de dinero a «Todo omne que feriere su mujer et sus parientes lo segudaren *malamente*», o sea, a todo hombre maltratador seguido en su maldad por sus parientes para pegar a la esposa. Ya en esa época había *malamentes* (y, qué pena, también maltratadores). Por su parte, las obras que tratan sobre lengua incluían *malamente* como parte del repertorio léxico del español sin marcarlo como rústico o vulgar. Por ejemplo, el sevillano Antonio de Nebrija incluyó *mal* y *malamente* en su diccionario español-latín de 1495, y en el siglo XVIII la Real Academia también metió a *malamente* en su primer diccionario. Si está bien formado y hay ejemplos que acreditan antigüedad y extensión, ¿por qué hoy restringimos el uso de *malamente* y lo consideramos malo? Pasemos al tercer argumento, que es el social.

No es la gramática ni la historia sino nosotros, los hablantes, los que decidimos prestigiar o condenar las palabras. No pasa nada si dices *malamente*; de hecho, atrévete y prueba a decirlo ahora que estás leyendo esto a solas: musítalo y te aseguro que no se te aparecerá la chica de la curva para castigarte. Sí, nada impide gramaticalmente ni históricamente usar ese adverbio, pero el hecho es que yo misma me cuidaría de decirlo en una situación en la que mi forma de hablar fuese un componente relevante de mi imagen social. Sé que si en una conferencia anuncio: «las fotocopias han salido malamente», muchos de los asistentes se sorprenderían y desconfiarían de mi capacidad. Si una lengua es un edificio de variedades (la formal, la informal...), somos los hablantes los que decidimos que unas formas se incorporan a ese vehículo no marcado de comunicación que es el estándar y otras formas no. Podemos incluso, como hemos hecho con *malamente*, sacarlo del grupo de formas prestigiadas y hacerlo descender al infierno de las palabras castigadas por el azote del buen estilo, junto con otros dos adverbios de su misma familia: *mismamente* y *mayormente*.

Aunque los hablantes eviten usarlo en contextos académicos o formales, *malamente* sigue vivo en español y no solo en Andalucía, aunque en esta comunidad se encuentre con una frecuencia mayor, tal vez porque en *mal* la última consonante no se pronuncia y pueden confundirse *mal* y *más*. Si estudiamos las fuentes que nos sirven para reconstruir el comportamiento de las distintas variedades geográficas del español (atlas lingüísticos como los dirigidos por Manuel Alvar, colecciones dialectales como el *Corpus Oral y Sonoro del Español Rural* dirigido por Inés Fernández-Ordóñez), encontramos *malamentes* en provincias como Burgos o Cáceres, así como en zonas catalanohablantes (recordemos que en catalán también se da *malament*) y, por supuesto, en provincias andaluzas como Sevilla, Huelva, Granada o Cádiz. Fuera del español peninsular se documenta igualmente; en el *Atlas lingüístico y etnográfico de las Islas Canarias*, la respuesta a la pregunta «Lo que no está bien hecho, ¿cómo está?» fue *mal* en todas las islas salvo en El Hierro, donde dijeron *malamente*.

Ni está mal formado gramaticalmente ni restringido territorialmente, el límite para *malamente* es social y de valoración. Somos los hablantes los que modernamente hemos conceptuado *mu'mal, mu'mal, mu'mal, mu'mal* a *malamente* hasta convertirlo en el *cristalito roto* con el que se abre la canción de Rosalía.

Donde llueve harinilla: palabras de Andalucía

Para muchos andaluces, una barbaridad de comer es una *pechada*; el calor horrible que sale del suelo y las paredes se llama *flama*, si *se levanta una orillita* es que empieza a hacer un poquito de aire y la lluvia fina es *harinilla*. Si te ha dado el *avenate* es que te has vuelto *majara* o loco. Los ojos son de color *celeste* y no *azul*, a alguien delgado le decimos que está *canijo* y si le damos un trago a una bebida puede ser que lo llamemos *buchito*. Preferimos decir que un bolso es *chico* a que es pequeño y decimos *anda ligero* más que *anda rápido*. Estar *alinquidoi* es estar alerta, un *charrán* es el que te hace una faena, atreverse a algo es *aterminarse* a hacerlo y si te dan una *mascá* es que te han dado un buen puñetazo. Un *bujío* es una infravivienda, un agujero en el que nadie querría vivir; un esqueleto es *una canina*. Las camisas de rayas son *de listas* y los chalecos tienen mangas, porque los que no las tienen se llaman *chalequillos*. El hijo de tu pareja puede llamarse *antenado* y no solo *hijastro*. El regaliz es llamado *orozuz*, *llenarse* puede significar *mancharse*; al fuego (*candela* o *lumbre*, según las zonas) se le echa *alhucema* para que huela bien, la *ardentía* es acidez de estómago y la fregona puede llamarse, entre otros nombres, *aljofifa*. Las pinzas para tender la ropa son *alfileres*, el tobogán se llama también *resbaladera*, en Cádiz el mercadillo es el *piojito* y el *cocimiento* es en Jaén la papilla de los críos. Si te incluyes en un grupo sin ser invitado es que te has *encalomado* y si una borrachera te hace andar de forma poco firme es que estás dando *camballadas*.

Ni todas estas palabras son exclusivas de Andalucía ni todas ellas son, tampoco, voces generales en todo el territorio. En general, opera para las hablas andaluzas una división no absoluta entre las provincias orientales (Málaga, Jaén, Almería, Granada) y las occidentales (Huelva, Sevilla, Córdoba, Cádiz) que hace que algunos vocablos de gran uso en una zona sean desconocidos en la otra. En otras ocasiones hay una gran diversidad interna dentro de esas mismas dos grandes áreas, es lo esperable en una región de una gran extensión y demografía, la más poblada de España (con más de ocho millones de habitantes) y la segunda en territorio. Ha sido también, pese a estas cifras, la variedad geográfica del español europeo más ridiculizada y denostada, y forma parte del tópico falseador el pensar que los andaluces nos pasamos la vida diciendo *ozú* (palabra que muchos solo hemos escuchado en las imitaciones de la tele), *olé* (normalmente lo que decimos es *ole*, con acentuación llana) y vestidos de *faralaes* (palabra que nadie en Andalucía emplea para referirse a ropa de gitana o flamenca). Igualmente es tópico, aunque este fuese un tópico favorable, el pensar que es una variedad más rica o expresiva que la de otras áreas. Es el habla individual la que resulta rica o pobre según cuántos sinónimos y términos específicos maneje. No puede negarse cierto gusto, eso sí, por el golpe verbal ingenioso e irónico, pero ello no tiene por qué implicar un léxico distintivo. No es la lengua, sino el uso que se le da.

A otra escala, Andalucía reproduce la misma situación que la propia lengua española: una constatable diversidad de vocabulario que no impide el entendimiento de los hablantes. El vocabulario fundamental y básico, el que usamos cada día, puede introducir alguna de estas palabras contrastivas con el español general, pero ello, obviamente, no impide la comunicación con hispanohablantes de otras áreas. Es la misma situación que encontraríamos si pusiéramos la lupa en cualquier otra zona concreta de la superficie hispanohablante. Cada una de ellas, con todo, mostraría una fisonomía léxica distinta: la del español de Andalucía viene determinada por su historia y posición geográfica.

Históricamente, las diferencias del español de Andalucía con respecto al de otras zonas se empiezan a gestar tras la salida de los árabes de su territorio, entre los siglos xiii y xv. Es en esa etapa cuando llega el castellano al territorio meridional y, junto con él, otras lenguas hijas del latín que han dejado su huella léxica en Andalucía: en el oeste hay bastantes leonesismos que vinieron con la bajada de población asturiana, leonesa o extremeña durante la Edad Media; en el este el elemento más distintivo es el léxico venido del aragonés, del murciano y del catalán. Sobre este fondo romance hay rasgos particulares en algunas áreas, como portuguesismos en Huelva o el particular léxico inglés que hay en el *llanito* de Gibraltar. En general, cuando dos lenguas se ponen en contacto a través de un grupo de hablantes, es el vocabulario el terreno más afectado, por eso hay muchos arabismos léxicos en el español general y también en el español de Andalucía, aunque, pese al tópico, no son muchos más los arabismos andaluces que los preservados en otras zonas.

La historia trae una herencia, pero cada presente la modifica a su manera. En la actualidad, sobre el vocabulario andaluz distintivo y propio se proyecta la sombra de la globalización léxica. Es un fenómeno que se advierte, en general, para muchas de las lenguas actuales: pierden mucho léxico dialectal en favor del estándar, que llega por los medios, la publicidad y la escolarización. El proceso puede ser más o menos inconsciente: aunque en las casas andaluzas se cocinen *alcauciles* y *papas*, estas voces se van reemplazando por *alcachofas* y *patatas*; lo mismo ocurrirá con la lluvia fina o *harinilla*, sustituida progresivamente por un *chirimiri* que el español tomó del vascuence; lo que se compra en las tiendas es colonia de lavanda y pocos relacionarán ese nombre con la *alhucema*. Algunas palabras se mantienen porque están adheridas a un lema: el *mas aunque* del «manque pierda» que está en el lema del Betis es una vieja conjunción medieval que se ha mantenido en Andalucía fundamentalmente por el reclamo futbolístico. Y con esto termino, que no quiero resultar *jartible*.

MUJERES BAJO EL ÁRBOL

En cinco textos nos ocupamos de los prejuicios con que secularmente se ha visto la dedicación intelectual de las mujeres, las nuevas formas lingüísticas que se han creado para dar nombre a actitudes machistas y las filólogas a las que poco reconocimiento ha llegado, aunque *filología* sea un sustantivo femenino.

La palabra que reúne a estas mujeres que leen, hablan y escriben bajo el árbol de la lengua es *dueña*, la forma con que el castellano antiguo nombraba a las mujeres, sobre todo a las menos jóvenes, y que hoy, metafóricamente, nos sirve también constantemente al reclamar que somos dueñas de nuestro cuerpo y de nuestro futuro, exactamente igual que lo son los hombres.

Tener mala letra, tener letra de mujer

No es una gran obra literaria, pero nos interesa esta escena de la novela de costumbres *Cosas del mundo* (1849) del cacereño Antonio Hurtado. Un señor, mientras se viste, le pide a su criado que le abra unas cartas y se las lea, a lo que el muchacho responde con reparos; temeroso de invadir la intimidad ajena y mirando las cartas con desapego, avisa: «Esta es letra de mujer». ¿Cómo ha reconocido una caligrafía como femenina? Igual que hoy parece un estereotipo asociar una grafía poco cuidada e ilegible a los médicos cuando expiden recetas, en el español antiguo tenía mala imagen la caligrafía de otros colectivos.

A menudo se ligaba la mala letra a los militares, por estar dedicados a las armas y poco al estudio, y también a veces, en el sentido justamente opuesto, se adjudicaba mala letra a los sabios, por no tener tiempo para detenerse en hacer buenos trazos, atrapados como estaban entre libros. La letra de mujer, por su parte, se asociaba a una caligrafía de trazo grueso, mal asentada en el renglón, con impericia en el manejo de la tinta: «Escrita con carbones o con pies de escarabajo», dice un testimonio del siglo XVI recuperado por la historiadora de la lengua Belén Almeida. La idea de que la mujer tenía un tipo de letra particular y reconocible ha sido tradicional en la historia cultural española hasta bien entrado el siglo XIX. En el *Monitor de las escuelas primarias* publicado en Chile en 1853 se afirma que hay grafías que parecen «letra de mujer» («una señal que no era ni la muestra de su beldad, ni su buen corazón, ni la delicadeza de sus manos en tejer encajes y bordados») y que era algo ofensivo que la letra de hombre pasara por ser de mujer. En una publicación periódica de 1845 (el periódico *La Colmena*, de Villalobos) se decía que «todas las letras de mujer se parecen».

Las razones de esta idea tópica están fundadas en el escaso acceso que tenía la mujer a la escritura. En 1850, un 75 % de la población española mayor de diez años no sabía leer ni escribir; la tasa de analfabetismo entre mujeres era aún mayor, y ello aunque en el siglo XVIII había crecido tímidamente la alfabetización femenina bajo el reinado de Carlos III y se fomentó en algo la escuela pública para niñas. Como sabemos, la habilidad de escribir es una competencia técnica que se desarrolla cuanto más se practica: desde que aprendemos a escribir (normalmente a partir de los cinco o seis años) hasta la edad adulta, vamos mejorando nuestra pericia con las letras, hasta que, de hecho, las terminamos haciendo nuestras, viciándolas para incluso volver a tener mala letra: la práctica mejora la letra y la práctica puede incluso deturparla. El hecho de que las mujeres alfabetizadas escribiesen poco en general explicaría esa desmaña que se atribuía a la letra femenina. Claro que había mujeres con buena letra y gran habilidad gráfica, pero eran las menos y tenían poco peso en el derrumbe del estereotipo.

El uso y aprendizaje de la escritura que desarrollaban las mujeres era, pues, más incompleto que el de los hombres. En el mundo antiguo, pocas mujeres aprendían a leer, y muchas menos aprendían a leer y a escribir. Algunos teóricos de la educación apoyaban que se enseñase a leer pero no a escribir a las mujeres, para así evitar posibles comunicaciones secretas que se pudieran mantener fuera del ámbito conyugal. «Guárdate de mujer latina y de moza adivina», decía una frase común desde el siglo XVI, que advertía sobre lo insólito del desempeño de tareas no consagradas socialmente como propias de las mujeres: tener mucho conocimiento (lo que se comparaba a 'ser latino', 'ser letrado') y ejercer la adivinación eran parangonables en exotismo y en peligrosidad.

Influye también en su trazo inhábil el que ellas tuvieran menor exigencia social de escribir y menor oportunidad para hacerlo. De hecho, muchas de esas mujeres con competencia lectoescritora serían más bien *neoalfabetizadas*, en el sentido de que, aun sabiendo escribir y leer, renunciaban o reducían la puesta en práctica de esa capacidad. En general, encontramos más abundante escritura de mujeres en el sector nobiliario y en el religioso. En la nobleza, escribir cartas a otros miembros de la aristocracia era parte de la sociabilidad común y hoy se conservan interesantes colecciones documentales de cartas en los fondos nobiliarios españoles; en los conventos, por su parte, las monjas podían incluso ser alfabetizadas ya de adultas por otras religiosas. Los testimonios de letra de mujer que conservamos se suelen hallar en misivas que son mayoritariamente cartas privadas de asuntos dispositivos y familiares: la salud, los nacimientos, pésames, los arreglos de bodas y las cuestiones del ajuar personal. No solía ser una escritura subversiva sino establecida dentro de los controles de la época y que nos informa de cómo era la intrahistoria de nuestras antepasadas. No se observa en ellas un estilo de lengua particular, si bien es cierto que en la mayor parte de los casos las cartas privadas femeninas, por hablar del mundo doméstico y de cuidados que tenían asignados las mujeres, presentan mayor uso de vocabulario íntimo y apelativos familiares (despectivos o apreciativos) que las cartas de los varones.

Quienes no sabían escribir, mujeres u hombres, y tenían la necesidad de hacerlo, confiaban la escritura a un escriba, amanuense o pendolista que trabajaba por encargo. De hecho, es muy común en cartas escritas por mujeres que veamos el texto redactado con una letra y la firma con otra; normalmente esa firma es una rúbrica poco trabajada y con clara muestra de inhabilidad gráfica: es la firma de la mujer. Otro refrán antiguo, «Mano sobre mano, como mujer de escribano», muestra la relevancia histórica que tenían los escribanos y el bienestar que se atribuía a estar casada con alguno de ellos.

Si bien en los últimos años se ha estudiado cómo escriben las mujeres en el sentido de cómo crean un mundo literario o cómo se relacionan con los cauces oficiales de publicación de ficción, solo recientemente se ha comenzado a trabajar de qué forma material escribían y qué tipos de letra muestra la escritura femenina. Y la historia nos da una lección de superación del tópico: quienes actualmente se ocupan de recuperar, editar y explicar científicamente esa escritura femenina de otro tiempo son profesionales de la filología y la historia, carreras hoy mayoritariamente estudiadas en Europa y América por mujeres que tienen la buena o mala letra de cualquier persona con estudios superiores. El refrán puede actualizarse: «Alégrate de la mujer latina».

La historia machista de la palabra *institutriz*

La sesión de la mañana del 21 de noviembre de 2018 en el Parlamento español fue desagradable: tuvo un componente de insultos (¡golpista!, ¡fascista!), un parte de expulsiones, una sospecha de lanzamiento de escupitajo y una decena de llamadas al orden por parte de la presidenta del Parlamento, Ana Pastor, que zanjó el bajuno alboroto con dos quejas. Primero, lamentó que los parlamentarios no estuvieron a la altura del lugar que ocupan en el congreso y, segundo, se quejó de que los medios, a causa de tanta llamada al orden, utilicen a menudo para denominarla «un insulto machista»: la llaman *institutriz*.

La palabra *institutriz* llegó tardíamente a nuestra lengua: no se incorpora a los diccionarios del español hasta 1895 y es casi rozando el siglo xx, en 1899, cuando entró en el DRAE. El sentido peyorativo que Pastor advierte no aparece recogido en esas fuentes de saber lingüístico que son los diccionarios, donde la palabra se define como «maestra encargada de la educación o instrucción de niños en el hogar de estos». ¿De dónde viene entonces ese sesgo machista que Pastor advierte en esta palabra? Como en otros casos, vemos que no es la lengua sino el uso que hacemos de ella lo que confiere ese sentido sexista o discriminatorio a un vocablo.

Ser maestra ha sido uno de los primeros trabajos remunerados que podían ejercer las mujeres. Aunque en el ámbito de la educación las mujeres han tenido (y tienen) un gran protagonismo, el hecho de que tradicionalmente las mujeres fueran solo educadoras de mujeres y que estas, a su vez, tuviesen menor recorrido por las aulas y las estructuras académicas que los hombres, provocó que su labor se sintiera menos prestigiada que la ejercida por los hombres.

La enseñanza de los niños en España ha sido, hasta hace relativamente poco tiempo, una profesión sin una estructura organizada institucionalmente, ya que la educación no estaba prevista ni como derecho ni como deber universal de la infancia. Había colegios parroquiales junto con oficiales, existían instituciones educativas formales y con ellas también se daban procesos de enseñanza no formales. Por ejemplo, fuera de los centros de enseñanza reglada se solía dar la educación infantil de los hijos de la nobleza, quienes no acudían a los colegios o escuelas y eran educados en su propia casa. En general, la enseñanza no era mixta y los centros para niñas eran más escasos que los consagrados a los varones: las niñas estudiaban menos tiempo y podían hacerlo en esas escuelas llamadas *migas* o *miguillas*.

La palabra *institutriz* proviene del latín INSTITUTRIX, que al español ha llegado desde el francés (*institutrice*) en época tardía, en el siglo XIX, momento en que empezó a ponerse de moda en la clase alta española contratar a extranjeras para que educasen en contenido y en su lengua materna a los niños de la casa. El equivalente masculino *institutor* tuvo normalmente otro significado en español (el que instituye) y para denominar al maestro que enseña dentro de una casa se usaban palabras como *preceptor*, *tutor* o, en época más antigua, *ayo*. También muy raro fue que se usase en lugar de –*triz*, la otra terminación femenina, –*tora*, para hablar de *institutora*, palabra de raro uso en nuestra lengua.

Las obras literarias españolas del XIX nos confirman el valor que tenía la palabra *institutriz*. Pérez Galdós dice en *Fortunata y Jacinta* que los niños ricos españoles van «vestidos de marineros y conducidos por la institutriz inglesa», pero que los pobres pasean «envueltos en bayeta amarilla, sucios, con caspa en la cabeza y en la mano un pedazo de pan lamido». Pero en esa época los textos confirman también la intuición despectiva que Ana Pastor observa en el término: Menéndez Pelayo se queja de que los filósofos desprecian el pensamiento de cierto autor por ser «metafísico de institutrices», dando un sentido superficial y ligero a la formación de ellas.

Cuando pensamos en una figura como la de la institutriz, inexistente en el panorama educativo de la España actual, se nos vienen a la cabeza modelos de lo más variados: la seguridad y el afán de superación de Jane Eyre, institutriz en la casa del señor Rochester; la maternal y bondadosa María que atendía a la prole Von Trapp en *Sonrisas y lágrimas*, o la supercalifragilística Mary Poppins. Pero cuando los medios califican como *institutriz* a una mujer que amonesta a un grupo seguramente tenemos en la cabeza a la insoportable señorita Rottenmeier de Heidi. Ana Pastor se queja con razón.

Con todo, y aunque las connotaciones son ingobernables, me permito introducir un modelo más en el que pensar cuando hablamos de institutrices: el que forjó el leonés Fernando de Castro (1814-1874), un franciscano que colgó los hábitos y que creó en diciembre de 1869 en Madrid una Escuela de Institutrices que se convirtió en un centro de enseñanza femenina de referencia en España, frecuentado por mujeres que querían completar la parca formación que recibían en la Escuela de Maestras pero también por aquellas que no aspiraban a trabajar pero sí a saber y a tener conocimiento. Con sesgo laicista, la Escuela de Institutrices contenía materias revolucionarias en su tiempo como la química, la zoología o la historia natural. Esas primeras mujeres que se empeñaron en formarse y en ir a contracorriente seguramente presumían de haberse formado como institutrices en una institución tan avanzada. Ninguna de ellas alcanzaría a soñar que el Parlamento español lo dirigiese una mujer. Cabalgamos.

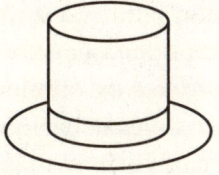

La vida empuja a la lengua: de *señora* a *señoro*

El escritor José Agustín Goytisolo (1928-1999) le daba en un poema este aviso a su hija Julia:

Tú no puedes volver atrás, porque la vida ya te empuja.

A su manera, las palabras también son empujadas por la vida, obligadas a adaptarse a las realidades y necesidades de un tiempo y un lugar. Hay cambios obvios: no existe la palabra *escáner* hasta que este no se inventa, y dejan de emplearse las voces *télex* o *béstola* porque tales herramientas han sido desplazadas por el correo electrónico y por el arado mecánico, respectivamente. Pero hay otros cambios más sutiles; está la palabra que se ha ido haciendo al devenir de los tiempos, a las reclamaciones y modas que han ido apeteciendo a los hablantes.

La palabra *señor* reúne mucho de lo que le exigimos a una lengua cuando queremos adaptarla a nuestras necesidades. Desde sus primeros usos en castellano hasta el actual *señoro* que empieza a difundirse desde redes sociales, *señor* es una muestra de todo lo que somos capaces de hacer los hablantes con el idioma.

Como la mayoría de las voces de nuestra lengua, *señor* es herencia del latín. Viene de SENEX, que significaba 'viejo'; de SENEX derivaba el comparativo SENIOR-ES, o sea, 'más viejo(s)'. La estructura de poder vigente en la Antigüedad reforzaba la idea de que los jefes de familia, los mayores de cada casa, eran las cabezas visibles del grupo, por lo que el mayor, el más viejo, pasó a ser también el más respetable; *señor* va a ser no solo o no forzosamente el más viejo sino el importante, el tratado con deferencia. En ese punto se encontraba la palabra cuando la heredamos en castellano y aquí empezó la cadena de empujones a la que la hemos sometido.

Primer cambio: creamos un femenino. Por llamativo que parezca, en los textos castellanos más antiguos *señor* valía para hombre y para mujer. En el siglo XIV leemos que un enamorado quiere cumplir «el mandado de aquesta mi señor» (*Libro de buen amor*), sin *–a* y aludiendo, obviamente, a su amada. No había ningún sexismo lingüístico en este hecho, sino el esquema que traía la palabra desde su origen; como era un comparativo, no conocía la terminación femenina; de hecho hoy seguimos sin tenerla en la mayoría de los comparativos latinos, no decimos *mayora* o *peora* (sí *superiora* porque, como *señora*, se ha convertido en sustantivo). El nuevo femenino, ya general al final de la Edad Media, se hizo añadiendo una marca, la *–a*, a una palabra que acababa en consonante (como en *andaluz, andaluza*).

Segundo cambio: *señor* prestigia, pero también insulta. El uso respetuoso era el común («señor duque», «mi señor»). Pero desde el siglo XVII, el empleo de *señor* acompañado de formas insultantes se hizo frecuente: «señor gandul», «señora ladrona»... Las formas *seor* y *so*, con sonidos perdidos por el desgaste del uso, vienen de *señor*, y de ahí que digamos «so gandul» o «so lenta» (de hecho, posiblemente *zopenco* sea un *so penco*, por poco trabajador). La contradicción de nuestro Julio Iglesias, que es un truhan y es un señor, resume bien la doble posibilidad del significado de *señor*... y lo sabes.

Igual que *señor* tiene en *so* su correlato insultante, *señora* lo tiene en... *señora*, que puede ser palabra sentida como una forma de cargar de años y de olvido a la mujer: el impecable debate en tres partes en la prensa entre la escritora Elvira Lindo y el director de cine Álex de la Iglesia cuando este aludía despectivamente a las señoras mayores nos da una muestra de ello.

Tercer cambio: le creamos una familia a *señor*. Los sufijos del español nos han dado a *señoritas* y a *señoritos*, pero también a *señoronas*, *señoritingos* y otras especies. Y aquí de nuevo se ha pasado del respeto a los empleos más dudosos: el señorito era el hijo del señor y hoy es el inútil que no trabaja y vive de otros; la señorita era la señora no casada, pero hoy la palabra se ha restringido para «la seño del cole», y se prefiere no usar *señorita* porque implica hacer una distinción de estado civil que no se practica en el masculino. Por su parte, *señorones* y *señoronas* hay en la lengua desde el siglo XVII y se convirtieron en palabra común del español cuando aparecieron como personajes en las novelas del XIX.

Cuarto cambio: el nuevo masculino *señoro*. La anonimia de Internet hace complejo discernir quién empezó este uso, que hoy se localiza en redes sociales y en canales de mucha agilidad comunicativa. *Señoro* tiene un sentido despectivo, señala a los varones que tratan de forma condescendiente a las mujeres o dudan de la legitimidad del movimiento feminista. Gramaticalmente, a los *señoros* les han puesto una marca explícita de género masculino, la *–o*. Como *señor* es una palabra que ya es masculina, se trata de una especie de doble masculino que subraya peyorativamente el machismo de algunas actitudes.

De momento, el uso parece similar a otros juegos humorísticos con el género que se han hecho alguna vez y que no han pasado de ser empleos esporádicos fundados en las posibilidades del idioma. Por ejemplo, la terminación femenina *–isa* es rara, pero se da en varias palabras del español, como *papisa* y *poetisa*. Pues bien, en algunas ocasiones se ha usado en masculino *poetiso*, como *señoro*, con sentido ofensivo. Pablo Neruda hablaba en sus memorias de un «poetiso» uruguayo que lo perseguía y criticaba, y llamó a Octavio Paz «pululante poetiso» en su *Canto general*. Tal vez a *señoro* le ocurra como a *poetiso* y se quede en ocurrencia inspirada que alguien tuvo, o quizá se extienda como le pasó a otras creaciones.

Tendemos a pensar que la lengua es como el tiempo, que cambia por ciclos que no dominamos y que actúa por caprichos fuera de nuestro control. Y se trata de lo contrario: la lengua no existe sino dentro de nosotros, y es lo que es porque queremos, acordamos y aceptamos que sea así. También está en las palabras para Julia: su destino está en los demás, su futuro es su propia vida. El límite para la lengua no está en el diccionario sino en nosotros.

Lesbianismo: cuando el armario se abrió, estaba lleno de palabras

Salir del armario es en lo personal un valiente acto de coherencia con la propia identidad, es en lo social un hecho de reivindicación y ha sido en lo lingüístico un interesante punto de partida para que se dé un cambio en el vocabulario. En los últimos veinte años se han puesto en circulación términos para hablar de la homosexualidad sin connotación ofensiva y se usan ya comúnmente siglas inclusivas de identidades sexuales discriminadas (LGTBI). Si miramos hacia atrás, la situación era otra, ya que los vocablos utilizados en español para hablar de homosexualidad eran mayoritariamente insultantes. Con todo, había una obvia descompensación en ellos: se usaba un amplísimo número de vocablos para la homosexualidad masculina, pero, en cambio, la homosexualidad femenina en español se señalaba históricamente con apenas dos términos: *marimacho* y *machorra*.

En un paralelismo con los nombres de plantas, donde el ejemplar que no da fruto es llamado *macho*, el adjetivo *machorra* se aplicaba para hembras animales que no concebían por ser estériles. En un viaje que es muy común para los significados, ese sentido pasó del mundo animal a lo humano, y la palabra empezó a designar a la mujer que no podía tener hijos, a la que no quería casarse o a la que tenía apariencia masculina. El testimonio más temprano de este empleo lo tenemos en 1495, cuando se imprime un diccionario español con definiciones en latín compuesto por el sevillano Elio Antonio de Nebrija y en el que se define a la *mujer machorra* como 'mulier mascula' (en castellano, mujer masculina).

El otro adjetivo histórico usado en un sentido similar fue *marimacho*. Marimachos eran todas aquellas mujeres con comportamiento varonil. La antigüedad del uso se verifica también en diccionarios antiguos del español; por ejemplo, en el suplemento al diccionario de Sebastián de Covarrubias de 1611, se afirmaba que *marimacho* era el nombre que había puesto la gente «a unas mujeres briosas y desenvueltas que parece haber querido naturaleza hacerlas hombres, si no en el sexo a lo menos en la desenvoltura». En ambos casos, *marimacho* y *machorra* tenían un valor despectivo en su aplicación a mujeres. En cambio, no tuvo tal sentido ofensivo un tercer adjetivo usado en español para designar a lo que se entendía como mujer varonil: *varona*. La palabra *varona* se utilizaba para traducir al latín VIRAGO y se aplicaba para calificar a heroínas o diosas de la Antigüedad que fueron célebres en guerras, batallas o en menesteres que se tenían por típicos de los hombres. Por ejemplo, un autor del siglo XV (Alonso Fernández de Madrigal) decía de Minerva, diosa de la guerra, que fue «fembra e no varón, mas llamáronla *varona*, que es mujer teniente e condición del varón cuanto al esfuerzo e valentía». Como vemos, se aceptaba con naturalidad el alejamiento del estereotipo femenino en mujeres distanciadas en el tiempo y el espacio en que se vivía: las antiguas eran *varonas* pero las de la época se quedaban en *machorras* o *marimachos*.

En el siglo XIX, nuevos términos empiezan a circular para nombrar a las lesbianas. En libros de medicina e higiene que trataban la homosexualidad como una patología o enfermedad, aparecen formas como *desviada* o *invertida* (igual que sus equivalentes masculinos *desviado* e *invertido*), palabras que han tenido cierta continuidad en el siglo XX y que hoy resultan discriminatorias. Por otro lado, en esa misma fecha también, y con especial intensidad a finales del XIX, comienzan a usarse para designar a la homosexualidad femenina palabras emparentadas con la Antigüedad grecolatina y rescatadas de libros de historia y literatura antiguas. La referencia literaria principal es, obviamente, la poetisa griega del siglo VI a. C. Safo de Mitilene, originaria de la isla de Lesbos, que da lugar al primer icono de homosexualidad femenina en la literatura. Si su figura no fue borrada de la cultura occidental era porque se sostenía que los poemas de Safo a las mujeres hablaban de amistad platónica y no de amor real. Palabras como *lesbio*, *lesbense* o *sáfico* se utilizaron en español desde la Edad Moderna, pero como adjetivos gentilicios o de referencia literaria: se hablaba de versos *sáficos* para un tipo métrico usado en poesía, de vino *lesbense* para el procedente de la isla griega o de *lesbiano* para aludir al habitante de ese lugar. En español, prácticamente hasta el siglo XX no se encuentra ningún caso de empleo de *lesbianismo* o *lésbico* para hacer referencia a la homosexualidad, pero la situación comienza a cambiar en los años 30 del siglo pasado, y ya dos novelas de los años 50, una española y otra americana (*Entre visillos* de Carmen Martín Gaite y *La región más transparente* del mexicano Carlos Fuentes) deslizan usos de *lesbiana* entre sus páginas. Esta palabra pudo tener uso ofensivo en determinados contextos, pero desde luego nacía menos connotada y cargada de sentido negativo que *machorra* o *marimacho*. Por su parte, también desde el XIX se extendió otra palabra más, también de resonancia antigua: *tribadismo* (desde el griego TRIBO 'frotar'), que, junto con *tríbada*, se usa en la actualidad de forma neutra para hablar de lesbianismo y lesbianas.

Las palabras actuales para denominar a las lesbianas están sometidas a una fuerte variación geográfica. En México encontramos voces como *manflora* o *cambuja* (originariamente se usaba para aludir al mestizo que venía de indio y negro); en Puerto Rico *bucha*, en Cuba *tuerca*... La diferencia más curiosa se da en los nombres derivados de la masa de pan: *tortillas*, *arepas* o *cachapas* dan lugar a términos como *tortillera* (en España), *tortera* (El Salvador y Perú), *arepera* (en Colombia y Ecuador) o *cachapera* (en Venezuela y Puerto Rico); *pastelera* y *panadera* se dicen en Perú y gran extensión tienen también *bollo* y *bollera* en España. La vinculación entre la homosexualidad femenina y el léxico del pan y la masa es, pues, muy amplia en español. El antiguo refrán «sábado sin bollo, domingo machorro» aunque una en sí dos palabras hoy referentes al lesbianismo, no tenía en su momento ninguna doble lectura, significaba que si el sábado no se amasaba pan el domingo no habría qué comer, por tanto sería un día esteril o *machorro*.

El panorama es, pues, contrastante con la situación antigua, en la que el desequilibrio entre las múltiples formas de apelar al varón homosexual y las pocas para designar a la mujer mostraba en la lengua un reflejo de la situación de escasísima visibilidad que ha tenido la homosexualidad femenina en la vida cotidiana de la cultura occidental. No es un mero juego de palabras el verso de Alejandra Pizarnik: «Las palabras son claves, son llaves». La llave que abrió el armario no fue lingüística, pero cuando la homosexualidad femenina salió masivamente del armario, *marimacho* y *machorra* empezaron, afortunadamente, a dejar de ser las palabras claves.

#Me too

Queridas lingüistas

Como un río que nace y se agota, una noticia podría cartografiarse desde su génesis hasta su extinción u olvido. Si la actualidad se mirase como un atlas, los mapas mostrarían dos clases de ríos. Está, por un lado, el de las noticias que brotan repentinas, inesperadas: fallecimientos, el accidente desgraciado, lo que alguien dice o hace; y está, por otro lado, el río de las noticias esperadas, las que podemos anticipar: el aniversario de una muerte, la celebración de una efeméride, el Día-de-Algo que se celebra en una fecha específica año tras año. A veces los ríos se entrecruzan, sin que sepamos cuál es el principal y cuál es el afluente; se encuentran, en eso que la hidrología llama bellamente la *confluencia*.

Eso ocurre cada año con el 11 de febrero, el Día Internacional de la Mujer y la Niña en la Ciencia, y con el 8 de marzo, Día Internacional de la Mujer. Ambas celebraciones se encuentran en los últimos tiempos con el ambiente mediático emanado de la etiqueta #MeToo y de su consecuencia de mayor alcance, los manifiestos en torno al admirable Time's Up. Los actos del 11 de febrero nos familiarizan con encomiables figuras de biólogas, químicas o ingenieras españolas. Sus trayectorias repiten esquemas similares: fatigoso acceso a ámbitos típicamente masculinos, reservas hacia su capacidad y el frenético funambulismo de equilibrar la carrera investigadora y la vida familiar en el país con los peores horarios para la conciliación. No son distintos los inconvenientes con que se han enfrentado otras mujeres científicas a las que, tristemente, cada año dejamos prácticamente fuera de ese río de reivindicaciones: arqueólogas, lingüistas, traductólogas, historiadoras... mujeres «de letras» que también hacemos ciencia y que vemos con algo de escepticismo un día en el que ni nosotras ni nuestras antecesoras somos evocadas. Y eso que, en muchos casos, trabajamos en disciplinas a las que las mujeres accedieron antes y con mayor facilidad que en las áreas tenidas como prototípicamente científicas y técnicas.

Apremiar a reconstruir la historia de la mujer en el ámbito de las humanidades es en sí mismo un objetivo científico, de descripción historiográfica. La investigación sobre la mujer en la historia de la lingüística, por ejemplo, fue tema de un coloquio que se celebró en la Royal Society de Londres en 2016, y a los resultados del coloquio se han sumado otros textos. La Linguistics Society of America ha hecho su propio informe sobre la historia de las mujeres en la institución desde su fundación en 1924. Salen de él datos llamativos y algunos, pese a su aparente nimiedad, muy reveladores: en las revistas científicas norteamericanas de mitad de siglo se citaba en la bibliografía a las investigadoras con su tratamiento (Miss, Mrs), sin que se consignase nada parecido con los varones. Pero no solo estamos hablando de hacer una historia de la ciencia más inclusiva y amplia, sino de volver a los trabajos y hallazgos de las mujeres que fueron pioneras en un ámbito científico, porque tal vez sus trabajos merecieron más citas y mayor presencia en las aulas universitarias y en la bibliografía. Pienso en las queridas filólogas españolas de otro tiempo. Hemos recuperado, sí, la memoria de la lexicógrafa y bibliotecaria María Moliner, autora de un *Diccionario de uso del español* original y sólido. Pero otros nombres muy destacados siguen siendo conocidos solo para los muy iniciados, como el de María Goyri (1873-1954), autora de páginas brillantes de investigación sobre el Romancero hispánico. Fue la primera mujer que estudió en la Facultad de Filosofía y Letras, donde una rutina escalofriante la obligaba a acudir al aula acompañada de un conserje que la escoltaba también en los descansos entre clases. Conocemos por alguna crónica de la época su capacidad crítica; reclamó en una tertulia con Emilia Pardo Bazán la necesidad de brindar a la mujer de su tiempo una educación integrada y no limitada. Una figura intelectual de esa altura hoy es conocida meramente por haber sido la mujer de un colosal maestro como Ramón Menéndez Pidal. Y con el nombre de Goyri, vienen al recuerdo el de otras filólogas empequeñecidas por la historia, como la dialectóloga y autora literaria Josefa Canellada, Jimena Menéndez Pidal, Carmina Pleyan i Cerdà, Concha Casado Lobato o las muchas mujeres que participaron en campañas y colonias de la Institución Libre de Enseñanza. Sus artículos y libros apenas serán citados en los grados y másteres universitarios dedicados a la lengua y la literatura. Poco nos hablaron de ellas en nuestro periodo formativo. El río del 11 de febrero no las suele reflejar tampoco. Se han reproducido los mismos silencios.

La realidad está cambiando y ahora es difícil dar una clase de lingüística sin mencionar un proyecto, un corpus, un artículo, una hipótesis debidos a alguna investigadora actual. Me parece tan común citar a ellas como a ellos en mis clases, y nunca he interiorizado (sería horrible) la necesidad de hacer un discurso paritario en los referentes que menciono a los estudiantes. Estos estudiantes son, por cierto, mayoritariamente mujeres, como ha sido habitual en las carreras de letras desde hace años.

La confluencia de ríos hace más caudalosas las aguas, más profundas y también más revueltas. Del fango se han rescatado tremendos casos de acoso. Pero también se puede hacer emerger mucho de lo valioso que permanece sumergido, como los nombres de estas mujeres científicas. Rescato sus nombres y dedico sus obras a mis alumnas actuales y a las de otros cursos: algunas se habrán convertido en profesoras y habrán tenido que lidiar con el inquietante machismo que se detecta en las aulas de Secundaria. Recuerdo a estas mujeres para que las tengan presentes también mis doctorandas, cuya apuesta por la maternidad implicará conciliar el sentimiento de culpa con la visión de los trenes que se marchan. Traigo estos nombres para mis compañeras y para mí misma, porque habremos de tener presentes las historias de estas mujeres silenciadas que no tuvieron la invitación para dar una plenaria en un congreso o la oportunidad de hacer una estancia de investigación que nosotras sí disfrutamos. Y las evoco, en fin, para que no se las vuelva a olvidar en los 11 de febrero y los 8 de marzo que vengan.

Bienvenidos sean estos ríos y todos sus afluentes.

A LA FRESCA SOMBRA

En este capítulo seis textos están bajo la sombra del árbol de la lengua protegiéndose de los rigores del verano. Las palabras con que nos abanicamos, nos bañamos, nos vestimos, nos alimentamos y descansamos en verano están tumbadas al aire con otras voces más raras e infrecuentes pero que, en todo caso, están ligadas en español al calor y a la necesidad de refrescarse.

El poeta Tomás Segovia hablaba con este resentimiento al sol del verano:

> De la mañana a la tarde
> me consumes, sol; me secas
> con tu gran ojo sin alma;
> pero así la noche al fin
> halla en mí el duro carbón
> que no podrá disolver,
> y al corazón seco vuelve,
> sombría y fresca, la savia
> que blanca le sorbió el día.

Ese sol alumbra también a muchas palabras que, simpáticamente, vamos a conocer un poco más en las páginas que siguen. Que el lector tome su sombrilla al pasar la página.

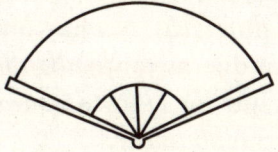

Flabelos, abanicos y aires acondicionados: palabras para tomar viento

Herramientas para darse aire hay varias: las más sencillas apuntan a la forma simple de un abanico, las más recientes son de enchufe y consumo eléctrico, como el aire acondicionado. Con todo, los inventos más modernos no reemplazan a los viejos y algo así ha ocurrido con las palabras de nuestra lengua. Las antiguas y las nuevas palabras que usamos para tomar viento fresco nos sirven para mostrar cómo casi cualquier parcela de nuestro vocabulario se construye a partir de la herencia del latín, a través del préstamo de palabras de otras lenguas y mediante la creación de vocabulario técnico.

Las formas más básicas de referirse a los instrumentos que nos refrescan salen del fondo de palabras latino. El primer abanico fue el propio viento del campo, que separaba el grano de la paja. Y así, de la palabra latina VANNUS, que significa 'criba', proviene la familia de vocablos de la que deriva *abanico*. En concreto, los verbos *abanar*, *abanear* y el sustantivo *abano* se usaban en el campo para nombrar a las formas de aventar o agitar el grano; de esa acción agrícola derivó la idea de que *abanar* era mover o sacudir algo para que entrase el aire. Pero las palabras se pueden adherir de terminaciones que las amplíen y les modifiquen su significado, y eso ocurrió con el *abano* de ventilar el grano, que, empequeñecido y asociado a la terminación *-ico*, nos dio el *abanico* de uso personal, con el diminutivo en *-ico* que es tan común hoy en la franja este de España (*bonico*, *florecica*). No hay que extrañarse de que nuestros antepasados dijeran tanto *abanillo*, con otro diminutivo, como *abanico*, que fue la forma que se terminó fijando y de la que salió el verbo *abanicar*.

En ese fondo latino se quedaron enterradas palabras que en algún momento del idioma tuvieron el significado de 'refrescarse', pero que fueron reemplazadas. La voz *flabelo*, forma salida del latín que se usó en la Edad Media para nombrar al instrumento de ventilar, se nos ha perdido hoy. El vocablo provenía de FLARE, de la misma familia que *flato* (que originariamente significaba 'soplo').

Tenemos, pues, lo heredado y perdido (*flabelo*) junto con lo heredado sobre lo que creamos añadiendo terminaciones (abanico) y, sobre ese gran grupo, nadan las palabras que hemos tomado de otras lenguas. Los préstamos se dan siempre entre lenguas que conviven, dicho metafóricamente, en aguas vecinas. Por eso, los préstamos más inmediatos ocurren entre las propias lenguas hijas del latín: también derivada de la propia familia léxica del aire, el viento nos trajo *ventalle* como nombre del abanico; fue palabra usada desde el siglo XVIII y copiada del francés *ventaille*: en catalán se usa *ventall*.

Otros extranjerismos muestran el contacto con lenguas bien lejanas pero en contacto histórico con el español, como el tagalo, lengua austronesia. Mandando barcos a Filipinas cuando era colonia española, nuestra lengua no solo exportó e importó productos y población, sino también llevó hispanismos al tagalo y se trajo palabras del tagalo al español. Un *paipay* es un abanico con forma de pala, y la palabra es uno de los varios filipinismos del español. A través de los mismos galeones que salían de Manila y llevaban al puerto de Sevilla el exotismo que inspiraba a los mantones, entraron en España los paipays como nueva herramienta para refrescarse. La palabra se puede escribir también *paipái*; su plural, en cualquier caso, es *paipáis* y empezó siendo escrita en español como *pay-pay*. El vocablo está ya en uso a fines del siglo XIX y en los años 20 del pasado siglo seguía siendo empleada para evocar la rareza y extravagancia de lo oriental.

Y hay más ejemplos de esa evocación exótica y de orientalismo prohibido que tuvo la palabra en sus primeros años de uso: el personaje llamado «pollo del Pay-Pay» que sale en *Luces de bohemia* de Valle Inclán (1924) es un delincuente que trata de aprovecharse de don Latino de Híspalis; y en Cádiz, por otra parte, subsiste un «Café del pay-pay», sala de fiestas en el barrio del Pópulo donde se abanicaban en los años 40 del siglo XX el puritanismo y los marineros del muelle.

Como en cualquier otra parcela de léxico que se refiera a instrumentación y a objetos que usamos, nuestro vocabulario muestra también la huella de la tecnificación moderna. Los ventiladores eléctricos eran definidos a mediados del XIX como 'máquinas soplantes' en los tratados de metalurgia (C. Sáez de Montoya, *Tratado teórico práctico de metalurgia*, 1856); su uso era primariamente industrial dentro de hornos atmosféricos y opuesto al *extractor* de aire. En el siglo XX, además de los ventiladores, empezaron a venderse aparatos de aire acondicionado. Su inventor fue el estadounidense Willis Haviland Carrier (1876-1950), ingeniero que merecería tener calles y plazas dedicadas a su nombre en las ciudades hispanohablantes más calurosas.

Por supuesto, el sustantivo *aire* y el adjetivo *acondicionado* existían en español, pero en esa combinación de «aire acondicionado» hay que ver el aliento del inglés *air conditioning*. Ya en periódicos españoles de principios de los años 30 se anunciaban *refrigeradores de aire acondicionado* de la marca Frigidaire junto con otros aparatos de frío como conservadores de helados, neveras de porcelana y neveras domésticas. Por cierto, esa marca Frigidaire es la responsable de que en España hasta los años 70 y en América (Cuba, República Dominicana, Bolivia...) aún hoy se llame *frigider* al frigorífico.

Como vemos, no hacen falta batiscafos ni gafas de bucear: basta sumergirse en un grupo de palabras del español y nadar entre ellas observando sus características para ver que, casi siempre, lo que se pesca al meter las redes en un diccionario de nuestra lengua suele ser bastante similar: un buen grupo de palabras latinas (algunas conservadas y otras ya de uso perdido), un grupo pequeño de palabras venidas de otras lenguas (de la misma familia o de otras) y una cierta tendencia del español moderno a crear vocabulario técnico o a extraer nombres desde marcas. Para irnos a tomar viento fresco, tenemos viejos y nuevos inventos, pero los mismos fenómenos léxicos de siempre.

Bajo los adoquines, las palabras para bañarse

¡Qué calor hacía en Madrid esa noche de verano! Tina, el personaje que interpretaba Carmen Maura en la película «La ley del deseo», iba por la calle con su hermano y la niña (interpretados por Eusebio Poncela y una jovencísima Manuela Velasco), cuando se topaba con un barrendero que estaba regando las calles de la capital. Asfixiada por la temperatura y por su propia historia personal, Tina le rogaba a voces al barrendero: «¡No se corte, riégueme, riégueme!». Y así acababa ella en esta escena, empapada, embutida en su vestido rojo, con el agua y el calor por los suelos. Con todas las dobles lecturas posibles, este fragmento de la película de Almodóvar nos ponía por delante el mecanismo más simple e hispánico de refrescarse en verano: darse un remojón con la manguera. Hasta llegar a la manguera y, a partir de ella, sofisticar la fórmula para convertirla en *spa*, el español ha ido sumando palabras de todas las lenguas con las que se ha ido bañando para componer un aseado conjunto de vocablos con los que refrescarse en español.

El medio lingüístico en que nos movemos es fundamentalmente latino y hereda de la lengua madre buena parte de las palabras con que nos metemos al agua en español. Nos bañamos con los derivados del latín BALNEUM ('baño'), que en su forma más culta dio lugar en el siglo XIX al derivado *balneario* (desde BALNEARIUS, lo relativo al baño) para dar nombre a los lugares de sanación mediante aguas terapéuticas. Mojarse es, lingüísticamente, impregnarse de la herencia de un verbo latino que significaba 'ablandar, reblandecer' (latín MOLLIARE) y del que hemos generado el valor de 'humedecer' porque todo lo que mojamos se reblandece. Comer y morirse tienen también su curiosa relación con este grupo de palabras; a saber: *empapar* sale del latín PAPPA como forma infantil de nombrar a la comida (empaparse es llenarse, primariamente de comida) y *salpicar* es un chorreo de la palabra *sal*, no tanto por el agua salada del mar, sino porque el agua que te cae en una salpicadura se parece a los grumos de sal que se espolvorean en la comida. Por su parte, *zambullir* deriva del latín SEPELIRE (de donde sale *sepelio*), que dio lugar a la forma antigua *çabullir*, que significa enterrarse, hundirse en el agua.

Más reciente es el invento de la ducha; *ducharse* es echarse encima una palabra del latín (DUCTIO) que nos ha llegado tardíamente, en el siglo XIX, desde el francés *douche* y que convive en el español de algunas zonas americanas con el sintagma *baño de lluvia* (que adapta el inglés *shower bath*).

Los escenarios donde nos bañamos por placer nos dan un grupo de palabras más diverso en su origen. Una ola del griego impulsada por el latín arrastró a la palabra *playa* hasta el español; llegó con el significado de 'costado, lateral' y en las lenguas hijas del latín ya adquirió el sentido de 'ribera del mar o de un río'. Nuestros antepasados, al menos hasta el siglo XIX, se refrescaban y se bañaban en los ríos más que en las costas; por eso, la mención a las playas en los textos antiguos tiene que ver con barcos, invasiones y comercio y menos con ocio y vacaciones. Hoy, una *playa* es también en zonas americanas el vocablo para nombrar a una explanada abierta donde aparcan los coches (así en Cuba, Perú, Bolivia o Paraguay, entre otras zonas). Del latín PISCIS salió *piscina*, que se usaba con el valor de estanque para peces en la lengua antigua y que hoy tiene un sentido recreativo o deportivo; su sinónimo *pileta* (derivado del latín PILA, que significaba 'mortero') se usa como equivalente a *piscina* en zonas americanas como Argentina, Bolivia, Paraguay y Uruguay.

Como variante cerrada de una playa, las calas, ensenadas salinas, nos sumergen en el grupo de voces usadas por los habitantes peninsulares en la época prerromana; la palabra no viene del latín, pero se ha mezclado con nuestras terminaciones romances: de ella salen topónimos como la Caleta, nombre de una de las playas de Cádiz.

Para refrescarnos podemos también sumergirnos en arabismos; a las formas *birka* (que significaba 'estanque') y *ǧubb* (que significaba 'pozo') las hemos vestido con el artículo árabe *al–* para meternos en *albercas* y *aljibes*.

Con todo, como hemos dicho, el refrescón clásico español tiene como método la manguera y como escenario el patio o la azotea. *Manguera* entra en el DRAE en 1803 con el significado «pedazo de lona alquitranado en figura de manga que sirve para sacar el agua de las embarcaciones»; la palabra deriva en última instancia del latín MANUS, de donde salió *manga* (latín MANICA). El uso de *manguera* como forma de denominar a la manga de las bocas de riego domésticas se extiende en la segunda mitad del siglo XX en España. Una parte del español europeo (por ejemplo, Andalucía) enrolla en una esquina la palabra *manguera* y prefiere en su lugar usar el vocablo *goma* (latín GUMMA) para denominar a este instrumento.

Cuando los movimientos de protesta de mayo de 1968 en París acuñaron el lema *Sous les pavés, la plage* (o sea, 'bajo los adoquines, la playa') pensaban en un sentido literal de la frase (el pavimento urbano que se levantaba para las barricadas descubría arena en el lecho del suelo) y en un sentido metafórico (la necesidad de superar los clichés de una sociedad que se pretendía mejorar). Bajo los adoquines de nuestras voces rutinarias, las del trabajo y los quehaceres, yacen todas estas palabras estivales que nos refrescan, aunque el refrescón de Carmen Maura nos mostró que en España también hay húmedas playas improvisadas sobre los ardientes adoquines.

Del moscoso al rodríguez: palabras para no trabajar

Sin entrar en cuántos derechos laborales hemos perdido o no hemos alcanzado aún, una mirada a las palabras para nombrar en español el descanso del trabajo y el disfrute de días no laborables nos confirma que hemos cambiado mucho como sociedad: históricamente hemos ido engrosando y flexibilizando el catálogo de vocablos dedicados a nombrar las vacaciones en todas sus variantes. Paradójicamente, cada vez nos cuesta más desconectar de verdad.

La forma de llamar el descanso del trabajo y el disfrute era en lo antiguo *holgar*. Escrita como *folgar* en la Edad Media, *folgado* significaba 'descansado' (o, como sigue dándose hoy, 'suelto y ancho en una prenda') y *folganza* era el descanso. Pero en los textos medievales, la *folganza* se asocia normalmente al premio divino por una vida llena de penalidades, y es común encontrar la vinculación entre los trabajos en la tierra y la recompensa de folganza en la otra vida. De hecho, cuando se hablaba de folganza terrenal, solía ser en términos poco prestigiosos. Si hoy nos parece lo más sano y deseable conciliar trabajo con descanso, en un texto del siglo XIII se mostraba como algo imposible la compatibilidad entre el estudio y la diversión:

«Et una de las locuras et de las sandeces deste mundo es querer haber amigos sin lealtad [...] et querer ser sabio et estar folgando et non estudiando» (*Calila e Dimna*).

En general, la libranza del trabajo estaba ligada a la fiesta religiosa preestablecida. Hoy asumimos que días festivos o feriados son los designados en el propio calendario como no laborables, pero su significado no era totalmente equivalente en un principio. Cierto es que *fiesta* (del latín FESTA) y *feria* (latín FERIA) son palabras de la misma familia latina (FESTUS), pero el uso en castellano las terminó separando en lo antiguo en dos brazos: las fiestas eran los festivos religiosos, de naturaleza eclesiástica, y las ferias eran las celebraciones de naturaleza no religiosa que se organizaban con la excusa de las fiestas. Si en el pueblo había celebraciones el día del santo, estas se llamaban «fiestas», y si, con ocasión de esas fiestas, se realizaba un mercado de alimentos o ganado, eso era una «feria». De hecho, hoy seguimos hablando de la feria (y no de la fiesta) del libro o de la feria de Sevilla (primitivamente una feria de ganado), pero, en cambio, no restringimos la fiesta a la celebración religiosa: basta pasarse por una de las macrofiestas veraniegas de la costa española para observar las diferencias en el grado de paganismo.

Vinculado con este mismo calendario religioso estaba el asueto. Era en su origen la 'fiesta acostumbrada, usual' (latín FESTUM ASSUETUM), establecida por tradición, sobre todo la disfrutada en el ámbito escolar y estudiantil. La palabra *asueto* derivó después, por una parte, a un sentido más libre en el origen del festivo, ya que empezó a aludir a cualquier día en que no se iba a trabajar; pero, por otra parte, empezó a cobrar un sentido más restringido en la duración del festivo, ya que apuntaba a los permisos de un solo día. Decir «Jaime está hoy de asueto» equivalía a decir que mañana volvía al tajo. La rara expresión *dar satis* también tuvo cierto uso en el siglo XVIII y se conserva dialectalmente hoy como sinónimo de dar las vacaciones escolares.

Hoy tenemos como vocablo básico para el descanso laboral a la palabra *vacación* y con ella a toda su bendita familia. En torno a esta palabra se han gestado otras como *vacacionar* (o sea, pasar las vacaciones en un sitio, verbo que se usa sobre todo en áreas del español americano), *vacacionista* (turista que está de vacaciones, palabra empleada en el español caribeño), o derivados del estilo *prevacacional* o *posvacacional*. Hay, junto con estos derivados, sintagmas ya fijados en torno a las vacaciones, por ejemplo, en un ámbito tan serio como el del derecho, donde estas fechas dan lugar a la expresión *sala de vacaciones* o sala que se ocupa de los asuntos de urgencia durante la etapa de vacaciones judiciales.

Si trabajas en vacaciones estarás contraviniendo a la propia raíz del vocablo, que viene del latín VACARE, literalmente 'estar vacío', o sea, extendido a lo humano, 'estar ocioso, libre'. El sentido primero de las vacaciones era el de las vacantes o puestos libres en un cargo, pero en el siglo XVIII ya estaba plenamente conformado el sentido actual.

Otras palabras para las vacaciones y el descanso tienen fecha más reciente. El anglicismo *relax* empezó a usarse en los textos españoles de psicología en los años setenta (en esa década vaciló entre masculino y femenino, se llegó a decir *la relax*) y a fines del siglo XX se había asentado ya en nuestra lengua. Aunque tomada del inglés, la palabra es de origen latino; su raíz RELAXARE entronca de nuevo con la idea de lo holgado, lo laxo, que veíamos en la base de la holganza.

Y, por último, entran en la historia reciente del español europeo los dos apellidos vacacionales del español: Moscoso y Rodríguez. Javier Moscoso del Prado fue ministro de la Presidencia a inicios de los ochenta y tuvo la feliz idea de conceder a los funcionarios varios días adicionales de permiso al año por asuntos particulares para compensar una subida salarial no pagada. Aunque el número de días ha variado a la baja desde entonces, «pedir un moscoso» o disfrutarlo ha añadido el vocablo al parnaso de los nombres vacacionales del diccionario.

El reverso urbano de las vacaciones familiares en la playa es quedarse de rodríguez. La expresión viene de una película de 1965 cuyo actor principal era José Luis López Vázquez. Este encarnaba a Pepe Rodríguez, un madrileño que se quedaba solo en la ciudad trabajando y era tentado por la pasión extraconyugal mientras su esposa y los hijos pasaban el verano en la playa. La película se llamó *El cálido verano del señor Rodríguez* y dio curso a la expresión *estar de rodríguez*, que ha terminado entrando en nuestros diccionarios. Esta parece la única expresión típicamente veraniega que alude al trabajo y no a las vacaciones, aunque para muchos la soltería estacional de estar de rodríguez sea el mejor plan vacacional posible.

Pero más palabras en torno al hedonismo no garantizan que sepamos ejercerlo mejor. Por eso, dejamos para el final la idea que lo recorre todo: el descanso. Descansar es lo contrario de cansar, tan simple como eso. Ahora, trata de ser fiel a esta palabra cuando concedas un descanso o cuando lo disfrutes.

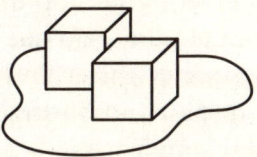

Cucurucho, gazpacho, sangría... las palabras que comemos en verano

Cuando no había más frigoríficos que el hielo que se compraba por bloques en las fábricas de tal nombre, ni más transporte que el de los vehículos con que ir al mercado o la plaza de tu ciudad, las comidas tenían sus épocas; había una forzosa estacionalidad de los alimentos y solo se comía gazpacho cuando el campo daba tomates. Hoy, las cámaras frigoríficas nos guardan productos para todo el año, se cosechen cuando se cosechen, y eso hace que se usen en cualquier momento del año las palabras para esa comida que antes era solo disfrute veraniego. Por eso, todas las palabras con que nos alimentamos en la temporada estival serán también comida nuestra de cada día incluso cuando haga frío.

Lo más grande está hecho de lo más pequeño. Parece una frase pseudofilosófica de Paulo Coelho, pero en la historia de nuestra alimentación se cumple: grandes comidas de tradición veraniega tienen su origen en cosas pequeñas. Por ejemplo, la palabra *gazpacho* se levanta sobre la idea de las sobras de otras comidas: en su origen está el latín CASPICIAS, que aludía a los restos de comida de poco valor; en lo antiguo la palabra se usaba sobre todo en plural (*los gazpachos*). El salmorejo, igualmente, deriva su nombre de algo tan pequeño como la sal; en concreto, viene de la palabra *salmuera* y la terminación diminutiva *–ejo*. Un antiguo refrán castellano nos da la pista de los cambios en el significado que ha experimentado esta voz: «Más costará el salmorejo que el conejo». El refrán mostraba lo absurdo que es gastar en lo accesorio más que en lo fundamental y, de paso, nos ilustra sobre cómo antiguamente el salmorejo era simplemente la guarnición de un guiso con conejo: una salsa de sal, agua, pimienta y vinagre que se servía como escabeche para la carne. El uso extendido actualmente que alude a un tipo de gazpacho más espeso con el tomate como ingrediente principal nace como andalucismo a fines del siglo XIX. También vinculados a la salmuera, porque se conservan en ella, los altramuces han salido del árabe *attarmús* (y a su vez remiten al griego THERMOS, 'caliente') y se han metido en nuestro vocabulario con otros sinónimos la mar de curiosos, desde los púdicos *lupino* o *entremozo* a los descarados *chocho* y *chorcho*. El declive carnal de esta parte de mi texto puede volver a equilibrarse aduciendo una cita literaria sesuda: los altramuces aparecen en uno de los cuentos de la obra del siglo XIV de don Juan Manuel *El conde Lucanor*, en la que se narra cómo la pobreza de uno que solo come altramuces puede considerarse riqueza si la comparamos con la suerte de aquel que ingiere exclusivamente las cáscaras de los altramuces que el otro tira.

El pescado de temporada en agosto incluye palabras de una enorme continuidad en el tiempo y en el espacio. Las sardinas, por ejemplo, tienen tan persistente olor como nombre: no han conocido otra denominación en la historia del español que el de *sardina*, aunque en latín clásico se llamaban de otra forma: ALEC. Otros peces de este tiempo varían en su nombre por costas, como se observa en las bases de datos terminológicas del español, con curiosos cambios y cruces: por ejemplo, a cierto pescado que saltaba encima del agua lo llamaban antiguamente *pez caballo*; hoy lo denominamos *caballa*, pero se conoce como *tonino* (derivado del latín THUNNUS) en algunos puertos andaluces. A unos nombres u otros los atraviesa en su sentido literal en muchas de las costas mediterráneas un *espeto*. Ello supone clavarle a un latinismo una palabra germánica, ya que la palabra *espeto* deriva del idioma gótico, donde significaba 'asador'. En las distintas lenguas de España esa forma ha dado lugar a palabras con el sentido de *palo*: *espedo* y *espito* en aragonés, *espetón* en castellano y también *espiedo*, que se usa en parte de la América hispanohablante, por ejemplo en la receta del *pollo al espiedo* (o *al spiedo* o *al espeto*).

Frente a estas palabras asadas, están todas las voces que evocan a alimentos que consumimos congelados. Los cucuruchos nos llevan a los monasterios: las capas con capucha o cogulla (latín CUCULLA) dieron lugar al nombre del capirote de penitente, llamado también *cucurucho*, que empezó a aplicarse a cualquier papel doblado con esa forma de punta por abajo para meter productos. Por su parte, los helados de crema nos transportan a Italia: tradicionalmente se llamaban en español *napolitanos* por el origen de su receta en el siglo XIX. Una voz plenamente italiana perdura aún en algunas zonas americanas (Ecuador, Chile, Argentina, Uruguay) para denominar al helado clásico de tres capas y sabores, lo que en el español europeo se ha llamado *corte*: *cassata*.

Y terminamos bebiendo. Del vino hemos sacado un par de clásicos veraniegos: el tinto de verano extrae su nombre del vino tinto, porque *tinto* es el participio que tuvo el verbo *teñir* en su forma pasiva latina (ten ojo y no lo confundas con *tinto* como nombre del café sin leche en Colombia, Venezuela y Ecuador); la *sangría* como agresivo procedimiento médico era común en la Edad Media pero como dulce bebida refrescante hecha a partir del vino se generalizó en el siglo XIX.

Nuestros antepasados bebían *hordiate* (una bebida fría hecha con cebada) y *avenate* (esta se hacía con avena pelada); hoy bebemos *horchata*, usando una palabra de historia com-

pleja cuyo principio se puede situar en el adjetivo latino HOR-
DEATA (hecha con cebada). Los primeros diccionarios del español describían a la horchata con una receta algo diferente a la actual (así, el *Diccionario de autoridades* en el siglo XVIII decía que era 'bebida que se hace de pepitas de melón y calabaza, con algunas almendras, todo machacado y exprimido con agua, y sazonado con azúcar'). Una leyenda extendida pero falsísima dice que la palabra horchata salió de cierta frase que dijo en el siglo XIII el rey Jaime I cuando probó esta bebida por primera vez; admirado, dijo a la mujer valenciana que se la dio a probar: «*Això no és llet, aixo és or, xata*» (¡esto no es leche, esto es oro, guapa!). La anécdota, tan repetida como increíble, puede pasar en términos periodísticos como la primera serpiente de verano de la historia.

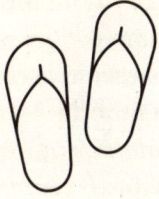

Bikinis y otra ropa mínima: las palabras que te visten en verano

Lo menos que se despacha en ropa es el textil que nos acompaña al bañarnos en lugares públicos. Ahí se reúnen varios vocablos que tienen en común su identidad de palabras desmontables, que parecen reflejar el carácter divisible de estas prendas que solo cubren una o dos partes del cuerpo. En ese grupo entra, por ejemplo, toda la lista de vocablos acabados en *kini* que nombran a ropa de baño femenina. Lo que escandalizó y admiró a los españoles de los años sesenta fue el bikini, traje de baño en dos piezas que deriva del nombre de un atolón de las islas Marshall donde el ejército americano ensayó en 1946 cierta arma nuclear tan explosiva como parecía ser ese nuevo atuendo.

El *bi* de *bikini* sale, pues, de un topónimo o nombre de lugar y nada tiene que ver con el *bi* latino que significa 'doble' y que usamos en palabras como *biplaza*, *bicolor* o *bicampeona*. Pero los hablantes modelan las palabras a capricho, como hacen con la arena de la playa, y así, sobre la base de *bikini* nos hemos vestido (es un decir) en los últimos años con palabras nuevas como los *trikinis* (o bikinis de tres piezas: sujetador, braguita y extraño istmo de unión), *microkinis* (o bikinis nimios), los *burkinis* (o mezcla de bikini y burka) o los *tankinis* (del inglés *tank top* o sea, bikini camiseta o bikini-vamos-a-disimular). Esto es, hemos desmontado la palabra en dos partes que previamente no existían (técnicamente llamamos a esto *falsa segmentación*). Algo parecido le ocurre a la sandalia (plural del latín SANDALIUM) cuando la desmontamos y la convertimos popularmente en *andalia*, como si su ese inicial viniera de la ese de la palabra anterior (*las andalias*) y como si fuera pariente etimológico del verbo *andar* que las sandalias facilitan.

Otra palabra que entra también en el grupo de lo desmontable es *meyba* o bañador masculino al estilo del que llevaba el político español Manuel Fraga cuando se bañó en la localidad andaluza de Palomares en 1966 para demostrar que no había en esa costa trazas de radiactividad. En este caso tenemos una palabra que viene de una marca; la empresa fundada en Barcelona en los años cuarenta por los empresarios textiles Mestre y Ballbé dio nombre a la marca Me y Ba, las iniciales de sus apellidos, con la que se llamó popularmente al bañador masculino. *Meyba* es palabra del español de España; *bikini* y su familia se dan en el mundo hispanohablante general y han sido sumergidas desde el inglés al español y constantemente en género masculino, salvo en Argentina, que prefiere decir «la bikini».

Como competidoras se encuentran las enterizas *traje de baño* y su sinónima *bañador*. En lo antiguo, *bañador* era quien tenía el oficio de bañar y *traje de baño* era la prenda con la que, cuando empezó la moda de acudir a la playa, se vestían los pioneros en meterse en el agua. El cántabro José M.ª de Pereda decía en 1871 que había que ir a la playa del Sardinero como medio de comprobación del físico de la futura esposa porque «todas las mujeres pierden en traje de baño; pero también es cierto que la que así nos gusta le asegura a uno de desengaños para toda la vida».

Las costas nos dan los ejemplos de estas palabras y también sus étimos. Si el nombre de *bikini* viene de un atolón del Pacífico, en la misma familia de ropa toponímica entran las bermudas y los pantalones *capri*. Estos se llaman también *pantalones piratas* y acaban en la media pantorrilla; se llaman así por la isla italiana de Capri. Las *bermudas*, por su parte, sacan su nombre de Bermudas, territorio británico del Atlántico norte donde incluso como uniforme militar era común vestir estos pantalones acompañados de calcetines largos, corbata y chaqueta.

Tan exquisita combinación aún podría empeorar si la coordinásemos con otro elemento más veraniego que invernal: la *riñonera*, cuyo origen obviamente está en el nombre del órgano humano pero que merece otros apelativos en el mundo hispánico como *cangurera*, *koala* o *canguro*.

Por último, y llegando a los pies, nos queda lo de andar en chancletas. Antes del plástico, el zapato veraniego era típicamente de esparto y se solía llamar *alpargata*, palabra que nos hemos puesto en español desde el árabe *pargât* y cuyo uso, como el calzado, ha sido también a pares: la palabra no se da solo en español sino también en portugués. Hoy se extienden como nombre de las alpargatas desde las revistas de moda las *espardeñas*, palabra derivada de la palabra *esparto*. Material menos noble, el plástico, caracteriza hoy a las chanclas o chancletas, vocablo bastante viejo (deriva de *zanca* o *zanco*, que llegó al latín desde el persa *zanga*, que significaba pierna) que estaba en uso ya en el siglo XVII aunque no estaba ligado entonces ni a la playa, ni al plástico ni al olor de pies, como hoy.

Hablamos, pues, de todo un conjunto de prendas que un árbitro de la elegancia difícilmente aprobaría pero que, a su manera, nos han ido llenando los diccionarios de costas italianas, olas del Pacífico y destapes explosivos. En otras palabras, la saludable levedad del ser veraniego y sus arriesgadas consecuencias indumentarias.

El nombre de los palos secos entre la arena y otras palabras raras del verano

La comida, la ropa y la costa reúnen a decenas de palabras veraniegas que visten nuestro verano, como *bikini*, *piscina* o *sangría*, que son parte de nuestro vocabulario cotidiano de junio a septiembre. Pero, escondidas en los diccionarios y en los libros de historia y naturaleza, hay otras decenas de palabras relacionadas con el verano que esperan su turno para ser usadas, agazapadas como quienes acechan ocultamente para plantar su sombrilla en la primera línea de playa a las seis de la mañana.

Una parte de esas palabras señala a la temperatura veraniega. Lo que en la calle llamamos de decenas de formas distintas (desde la palabra básica, *calor*, a otras más expresivas o especiales como *bochorno*, *flama* o *leñazo*) tiene algunas especificaciones de más raro uso. Entre ellas, una de las menos conocidas quizá sea *resistero* (con variante *resestero*), palabra con la que se designa al momento del día en que el calor aprieta de forma más acusada. La palabra es familia del vocablo *siesta*, que deriva de la «sexta hora» de los latinos. Esa es la que corresponde en nuestros relojes a las doce del mediodía, momento a partir del cual empieza a castigar más el sol. *Resistero* ha sido llamado tanto el tiempo como el lugar y el propio calor causado por el sol. Así, en un texto de 1595 donde se habla de la teoría y la práctica de la guerra, Bernardino de Mendoza decía:

> En algunas partes me he hallado a guerrear donde era menester plantar tiendas para amparar los soldados que la hacían de los terribles fríos y ruines temporales, y en otras del excesivo resistero y calor del sol.

El campo tiene su propio grupo de vocablos veraniegos. La hierba seca que permanece en verano en esos prados que fueron verdes en invierno merece el nombre específico de *henasco* en algunas zonas de España; la laguna que tuvo agua en el tiempo del frío y de la primavera es, seca ya en verano, un *bodón*; se llama *navazos* en Andalucía a los huertos que crecen en los arenales cercanos a las playas. Esos cambios del campo mojado al seco pueden incluirse dentro de otra palabra también rara: *secadío*. Igual que hay terrenos de regadío, esto es, que se pueden regar y que se fertilizan con riego natural o artificial, existen también terrenos de secadío, que se pueden secar y se agotan con las altas temperaturas veraniegas.

En el mundo de los animales, se llama *estivación* (derivado de estío, que a su vez viene del latín AESTIVUM TEMPUS, de ahí la uve) al estado fisiológico de letargo o torpor que el ambiente seco y el calor infunden a muchos animales, sobre todo los de zona tropical, en buena medida como parte obligada de su propio ciclo biológico. La palabra se usa en zoología y en botánica, y es opuesta a la mucho más usada *hibernación*.

Otras palabras raras son las que denominan a acciones y estados típicos del verano, que normalmente nombramos con términos más comunes. Todos en la playa hemos visto a gente amoragando sardinas y otros peces, pero pocos sabríamos que *amoragar* significa la sabrosa acción de asar pescadito o marisco al fuego de la leña en la playa. Todos en la playa hemos retirado de la arena bajo nuestra toalla un *cándano*, raro nombre del palo seco o quemado. Todos nos hemos secado la humedad del agua al sol o con la toalla, pero pocos sabíamos que estar impregnado de agua, estar húmedo, se puede llamar en español *estar liento*; metafóricamente se usaba la palabra en la traducción que de la novela *Tirante el Blanco* se hizo a principios del siglo XVI: «No hay ninguno tan liento ni tan frío que el amor no inflame». Se ve que el amor seca tanto como la toalla.

La palabra *verano*, de raíz latina, ha dado lugar a todo tipo de derivados (diminutivos como *veranillo*, verbos como *veranear*, sustantivos como *veraneantes* o el propio apellido *Verano*, que más de dos mil personas tienen en España, tal vez venidos no solo de la estación del año sino del topónimo *La Vera*). Pero a esos derivados podemos sumar los que da la palabra árabe para verano, *ṣayf*. De esa raíz árabe viene la palabra *aceifa*. Aceifas eran las incursiones militares que en la época de presencia musulmana en la península hacían los árabes en territorios cristianos. Esas incursiones se solían hacer en verano y el sentido coincidía con la idea de cosecha.

Por último, en el mar se nos esconden varios nombres vinculados al oleaje y los tipos de olas. El *cachón* es la ola de mar que se nos rompe en la playa y deja espuma al quebrarse; el *tumbo* es (entre otros significados) el estado máximo de ondulación y subida de una ola. Las olas se llamaron también en español *vagas* (del francés *vague*). Así lo decía un texto de Alfonso X el Sabio en el siglo XIII:

> Et era aquello como cuando el bullicio de la mar va contra los vientos et con el poder de los vientos vanse las vagas contra la una parte et la mar a otra.

Las propias palabras antiguas para las olas eran distintas que las actuales, pues en la Edad Media lo común era llamar *onda* a lo que hoy es *ola*, y llamar *ola* a lo que hoy es, con sentido colectivo, el oleaje y la agitación del mar.

Son, en suma, palabras raras: algunas literarias, otras comunes en otro tiempo, otras pertenecientes al vocabulario científico. No tienen estas palabras hechuras distintas de las que usamos hoy para llamar a los palos secos, las barbacoas en la playa, la humedad o la tierra seca. Pero el verano tiene esa doble cara: la playa llena y la cala vacía, el festival atestado y la verbena pueblerina de treinta personas, el atasco en la autovía hacia la costa y las calles con aparcamientos libres en la ciudad. Y, en los diccionarios, las palabras más vistas y las más raras, unas en la boca de todos y otras enterradas por las olas como los tesoros en la arena.

EL ÁRBOL DEL DINERO

Este capítulo trata en cinco textos varias cuestiones sobre la lengua y la economía. Los nombres que damos al dinero, a los trabajadores remunerados, la oposición entre el *debe* y el *haber* y el triste destino de pobreza que puedes tener por delante aunque te llamases de nombre Próspero y de apellido Rico. Cuando contamos (monedas, billetes o deudas) no hacemos otra cosa que pasar a palabras nuestros bienes, que pueden ser, por diferentes razones, también nuestros males.

La palabra que pende de este árbol es, claro está, *dinero*, vocablo que el español heredó del latín DENARIUS, una voz que deriva del latín DECEM, o sea 'diez', porque equivalía originalmente a diez *ases*.

Lo que una palabra tiene en su haber

Cuando una *niña de nueve años* se dirige a mio Cid para explicarle por qué las gentes de Burgos no lo quieren acoger ni dar abrigo en su destierro, le explica que el mismo rey Alfonso VI que lo ha expulsado de su reino ha prohibido a sus habitantes dar acogida o ayudar al Campeador, bajo una amenaza:

> Non vos osariemos abrir nin coger por nada;
> si non, perderiemos los *haberes* e las casas,
> e demás los ojos de las caras.

Este es uno de los primeros empleos literarios que se registran en castellano del verbo *haber* usado en infinitivo no como un verbo sino como un nombre; de hecho, tiene plural (*los haberes*). Los *haberes*, *el haber*, eran en la Edad Media los bienes materiales que uno podía poseer, que se podían incluso especificar (por ejemplo, el *haber monedado* era la posesión dineraria). Pero desde fines del siglo XVI llegó otro uso, venido de fuera de España, que cambió para siempre la historia de este infinitivo. Renovadas técnicas de consigna de contabilidad introdujeron desde el siglo XVI por toda Europa un método de separación de conceptos en dos columnas, la del *debe* y la del *haber*, y este llamado «sistema de partida doble» propagó en todo el ámbito románico un nuevo uso de *haber*, de significado más técnico.

El sistema de partida doble se considera una invención italiana; de hecho, esta forma de cómputo en la contabilidad de empresas fue conocida en España directamente como «método italiano». El primer autor que la explicó de forma detallada fue el franciscano Luca Pacioli (en la obra *Summa de arithmetica, geometrica, proportioni et proportionalità*, Venecia, 1494), quien empleaba los sintagmas en italiano DE DARE y DE HAVERE para separar la doble vía (de salida y de entrada) de los ingresos de una empresa. La obra de Pacioli, como vademécum teórico de las nuevas prácticas, fue muy pronto traducida o adaptada a otras lenguas europeas (por ejemplo, al inglés, holandés y francés en 1543). Para el caso de España tenemos la adaptación de Bartolomé Salvador de Solórzano (*Libro de caxa y manual de mercaderes y otras personas*, 1590), quien usaba como encabezamiento de las columnas de consigna de ingresos y egresos las formas *debe / ha de haber*.

En los siglos XVIII y XIX, el sentido que ya tenía *haber(es)* primitivamente convive con usos más especializados donde parece referirse de forma exclusiva a una retribución dineraria obtenida a partir de un ingreso de un tercero, y, el *ha de haber* que se extendió desde la introducción del método italiano se fue simplificando, elidiendo uno de sus elementos y hablando directamente del *haber* frente al *debe*. La historia sigue: esa expresión, que era en principio mera jerga de contable, se extendió a otros tipos de texto: la estructura *tener en su haber* empieza a aparecer en literatura y ensayo desde finales del XIX al XX.

Divina moneda, ruin calderilla

La *calderilla* no monta demasiado en nuestros bolsillos, pero su historia sí remonta en nuestros diccionarios y libros antiguos, de los que podemos extraer la historia de esa palabra que nombra a esas monedas de escaso valor que portamos encima. En el ámbito europeo, son calderilla prácticamente todas las monedas fraccionarias del euro; es lo que otras lenguas europeas llaman «moneda pequeña» (*small change, petite monnaie*) o con formas similares (en catalán *xavalla, spiccioli* en italiano).

La calderilla existió efectivamente en España como moneda: era una pieza monetaria que se usaba en el siglo XVII y que estaba hecha de cobre o de vellón (una aleación de cobre y plata). Circulaba con valor diverso (entre otros, de cuatro maravedíes) y fue moneda gubernamentalmente resellada o contramarcada, es decir, podía incluso ver rebajado el valor que inicialmente portaba.

La calderilla de la época de Felipe IV valía poco; y de poco también vale ya el diminutivo que incluye. Aunque de una caldera pequeña se pueda decir que es una «calderilla», nadie llamaría *caldera pequeña* y ni siquiera *calderita* a esas monedas pequeñas de su bolsillo. Ha ocurrido con la *calderilla* un proceso que en lingüística llamamos de *lexicalización*. Que digamos de un pájaro que es un *pajarillo* o de un problema que es un *problemilla* implica un deseo de subjetivizar o minimizar al ave o al inconveniente. Los diminutivos, *–illo* uno de ellos, tienen una gran capacidad en español para implicar al hablante en la realidad que está describiendo. Pero los diminutivos pueden también quedarse integrados de forma fija en la palabra, de manera que no reconozcamos ya en ellos de forma inmediata la existencia de una terminación. Nos ocurre con los *casquillos* de bala, los *calzoncillos*, las *manecillas* del reloj, el *cuartelillo* o con la propia *calderilla*.

La aparente poca sustancia de metal y valor de la calderilla contrasta con la historia de alcance e importancia que tiene la palabra *moneda*. MONETA era un apelativo que los romanos daban a la diosa Juno. Igual que a las advocaciones marianas las llamamos actualmente de distinta y elogiosa forma (santísima, divina, protectora, madre...), las diosas romanas también tenían sus apelativos. Juno, esposa de Júpiter y madre de Marte y Vulcano, cruel enemiga del héroe de la *Eneida*, diosa del matrimonio y protectora de los partos, recibía distintos apelativos como *Domiduca* (la que conduce a la novia a su nuevo hogar), *Lucina* (la que da a luz, la que ayuda a parir), *Regina* (reina), *Ossipagina* (protectora de los huesos) y también... *Moneta*. En efecto, Juno era tenida como protectora de las riquezas romanas: posiblemente los romanos fabricaron monedas en alguna ceca próxima al templo de Juno de la colina Capitolina, y ello explicaría la derivación del nombre.

De esa MONETA latina, el español derivó *moneda* y toda su familia (*monedado, monedero*...); de *money*, el heredero inglés de la *moneta*, el español sacó vulgarmente en el siglo XIX los *monises* como nombre familiar del dinero.

Moneda es, pues, nuestra palabra genérica, de ascendencia divina, para llamar a eso que se ha especificado en español en forma de maravedíes, blancas, doblas, cuartos, águilas, pepiones, perendengues, ochentines, reales... La *calderilla* ha pervivido más que la mayoría de esos nombres, ha sobrevivido en el cambio de la peseta al euro y parece que, desde luego, es, por encima de las épocas, la palabra y la moneda más corriente de nuestros bolsillos.

Ahorrar te hará libre... o esclavo

Ahorrar nos da libertad, pero antes la daba incluso literalmente. Entre los arabismos que tiene el español, heredados de la larga presencia musulmana en la península, está el adjetivo *horro*, hoy rarísimo pero muy usado, en cambio, en los orígenes de nuestra lengua: hay ejemplos ya desde el siglo XI. *Horro* significaba 'persona de condición libre' o 'esclavo liberado'; deriva de la palabra árabe *hurr*, que dio también resultados en lenguas hermanas y vecinas del castellano (por ejemplo, el portugués *alforria* con el mismo sentido de 'manumisión'). El verbo derivado de ese adjetivo *horro* era en español *ahorrar*, que significaba 'liberar a alguien de su esclavitud, manumitir'. Ahorrar era, pues, la puerta abierta a la libertad para quien no disfrutaba de ella, y con ese valor lo encontramos en los textos españoles hasta el siglo XVI: «Yo fui mucho tiempo cativo [...] mi señora me ahorró y vistiome todo de nuevo» (1511, traducción al español de *Tirante el Blanco*).

Desde esa idea de ahorrar como liberar derivó otra que es necesaria para entender la evolución de esta palabra en español, la de ahorrar trabajos o afanes. Efectivamente, *ahorrar* se empezó a usar de forma metafórica con el sentido de liberarse de una figurada esclavitud: la que imponía un trabajo, un vicio o un esfuerzo. Esa acepción tiende una mano a la vieja idea de *ahorrar* como liberar al esclavo y da lugar a otra nueva acepción: la de guardar dinero, *ahorrar* como liberar dinero y ponerlo aparte. Ese nuevo sentido económico de *ahorro* y *ahorrar* ya se constata en español a mediados del siglo XVI: «Los hombres vergonzosos se deben guardar de no comenzar a tesorar ni amontonar dinero porque por ahorrar una sola blanca, caerán en mil poquedades cada día» (Fray Antonio de Guevara, 1521).

El nuevo significado del verbo *ahorrar* hace que crezca la frecuencia de esta palabra y que no se ahorre precisamente en nuevos derivados. Así, el adjetivo *ahorrativo* se usa desde el siglo XVII, en principio con un sentido negativo de 'miserable'. Y la progresiva evolución de la actividad bancaria hizo que crecieran aún más los usos ligados a la palabra *ahorro*. La *caja de ahorros*, por ejemplo, llegó a los diccionarios del español a mediados del siglo XIX; en 1852 se definía en el *DRAE* como 'Oficina pública destinada a recibir cantidades pequeñas que vayan formando un capital a sus dueños'. Otras acepciones ligadas al ahorro (como el *ahorro forzoso*, el *ahorro neto* o la *renta del ahorro*) se pueden ver precisamente definidas en el *Diccionario del español jurídico* (en línea en la web de la RAE).

Ahorrar es, pues, históricamente liberar algo o alguien, y es muy curioso que el español haya terminado ligando la reserva de dinero a la libertad y la soltura, ya que lo normal es que el hábito de acopiar dinero se ligue a lo contrario, a la idea de esconder o de guardar (como hoy en inglés, *to save*). De hecho, ese era el verbo empleado antes en español con el valor de ahorrar: en la *Celestina* (1499) se encomia una «buena arca para guardar dinero». Todavía hoy un sinónimo de *ahorrar* en español es *entalegar* (meter en la talega) y es equivalente a ahorrador el adjetivo *agarrado* (o sea, el que no suelta ni libera lo que tiene). El capital de una lengua, como vemos, está en sus palabras, derrochadoras en cambios y evoluciones.

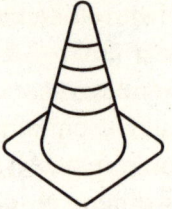

De *destripaterrones* a las *kelis*: palabras para los trabajadores

El Día Internacional de los Trabajadores que se celebra el 1 de mayo podría haberse llamado también Día de los Currantes, de las Kelis, de los Obreros y de muchas palabras más... Si usamos la palabra *trabajo* es porque escogemos la forma más general y menos marcada del español para designar a una ocupación física o mental que ejercemos, remunerada o no. Pero hay muchos otros vocablos que se usan y se han usado en español para referirse a los que trabajan.

En la raíz de la palabra *trabajo* está la idea de llevar una carga pesada y dolorosa. En efecto, *trabajar* viene de un derivado del latín TRIPALIUM, pérfido invento de tortura parecido a una cruz de tres palos a los que se ataba a un reo para tostarlo al fuego o someterlo a otras adorables prácticas. Por eso, en su sentido más antiguo, el verbo *trabajar* se usaba en castellano con el significado de 'sufrir y padecer'. Hoy cuando decimos que algo es muy *trabajoso* en el sentido de que es costoso, difícil o sacrificado, estamos reviviendo ese antiguo valor de tortura. Claro que una vocal puede cambiarlo todo: si *trabajar* era en el castellano antiguo estar afligido y soportar penalidades, *trebejar* y *trebejo* significaban, en cambio, 'jugar, divertirse'. *Trebejos* eran los enseres que usaban para jugar los niños, o las bromas que podían gastarse los adultos entre sí. Una letra es también la leve diferencia entre estar parado y estar pagado. Te cambia la vida.

Hoy, palabras como *trabajador* o *empleado* son estándares del español, y se mezclan con sinónimos que están en cambio más marcados o que resultan más específicos en su significado. Por ejemplo, asociamos con el pago de un trabajo remunerado la palabra *empleo*, que con el sentido de 'trabajo' no se generalizó en español hasta finales del siglo XV (es del latín IMPLICARE, pero llegó a través del francés). Otros términos más antiguos vinculan el trabajo a las labores que se hacían manualmente (trabajar en el campo, con el ganado, con arreglos). Así, desde el verbo latino OPERARI, la forma OPERARIUS dio lugar a *obrero* (que se usa en los textos castellanos desde el siglo XIII) y, desde el siglo XVII y como forma culta, a la voz más restringida *operario*, que se asocia con un trabajo más especializado. Otro ejemplo está en la palabra latina para 'pie', de donde vienen *peón* y sus derivados, como la *peonada* (o sueldo que se paga por día de trabajo). Del puro campo viene la idea de que ir al trabajo es *ir al tajo* (de TALEARE que significaba 'cortar, tajar'), en recuerdo al corte que los segadores y cavadores llevaban al trabajar la tierra, y del campo también salió la compuesta *destripaterrones* ('el que rompe los trozos de tierra'), que el diccionario de la Real Academia definía en 1791 como: 'El gañán o jornalero que cava o ara la tierra'.

El Día Internacional de los Trabajadores es también la fiesta del movimiento obrero, y las manifestaciones que salen a la calle tienen siempre un sentido reivindicativo, transmitido en muchas ocasiones a través de la palabra *proletario*, una forma derivada del latín PROLES (de donde proviene *prole*, con el sentido de 'conjunto de hijos, descendencia'). Este vocablo era aún tenido en el siglo XVIII como una voz latina de escaso uso en el español; en cambio, un siglo después ya estaba propagándose como forma de llamar al trabajador que menos poseía, quien tenía como única pertenencia a su familia y a sí mismo. Paradójicamente, en Estados Unidos, lugar donde se origina la semilla de esta celebración del 1 de mayo (como recuerdo a las víctimas de los incidentes de Chicago de mayo de 1886), se hace el homenaje a los trabajadores el primer lunes de septiembre, en el llamado «Labor Day»; escamoteando la fecha de mayo se quiso frenar a fines del XIX un posible crecimiento del comunismo a partir de la reclamación de derechos del proletariado. Ese Labor Day del inglés remite al latín LABOR, la *labor* que era en español antiguo cualquier tipo de trabajo, pero que en el XVI ya se aplicaba sobre todo a las tareas del campo. De un derivado suyo, LABORARE, viene *labrar*, hoy restringido a las faenas del campo, y de su herencia italiana tenemos *laburar* o *laburo*, palabras que se emplean en el español de Argentina y Uruguay en entornos muy coloquiales donde llegó a través de la numerosa migración italiana que se instaló en esa área desde finales del siglo XIX.

Y es que, por supuesto, también para hablar de trabajo tenemos variantes geográficas: el Día de los Trabajadores podría ser llamado también de los *breteadores* en Costa Rica, de los *chambeadores* en México (*chambear* es 'trabajar' en el habla coloquial mexicana, e ir *a la chamba* es 'ir al trabajo'); en España podríamos llamarlo también «Día de los Curritos» o «del Currelante». Palabras como *currante*, *currar* o *currelo* no llegaron al diccionario de la RAE hasta la década de los 80 con ese significado de 'trabajar' y tuvieron entonces como tienen ahora una marca de coloquialidad por ser palabras propias de la conversación.

Que el trabajo, remunerado o no, sea una parte estable y constante de la vida humana, no le da, como vemos, ninguna estabilidad a esta familia de palabras. Siguen llegando nuevos términos. Aquí van tres ejemplos de recientes adquisiciones de la lengua española: las que limpian habitaciones de hotel se hacen llamar, en un afortunado juego de siglas, las-que-li, escrito las *kellys*; la expresión inglesa *minijob* se ha adaptado al español como *miniempleo*, palabra muy cuqui que suele corresponderse con una fea realidad de precariedad laboral; por último, si, por elección propia, no tienes otra vida que el trabajo, es una pena y eres *trabajoadicto* (adaptación del inglés *workaholic*) o *trabajólico*.

La fotografía de las palabras para el trabajo de cada época nos dice mucho de cómo era ese tiempo. Es un reflejo de las sociedades antiguas que los padecimientos de ir a trabajar se comparasen con un perverso instrumento de tortura que hoy ya nos es ajeno. Es un espejo de nuestra sociedad actual que las palabras sobre el trabajo que hemos puesto en circulación últimamente nos hablen de empleos precarios (los miniempleos), con discriminación de sexo (las *kellys*) o dejando sin vida propia al trabajoadicto. Otras veces se mantiene la palabra pero cambia la realidad laboral a la que se refiere. Esclavos los hubo antes y los hay ahora.

Serás pobre aunque te apellides Rico

Omen nomen. La frase latina rima y podría ser el lema de casi cualquier producto, pero es algo mucho más trascendente que eso. *Nomen omen* significa literalmente 'el nombre es un destino' o 'el nombre es un presagio'. La frase circulaba ya en la literatura latina y sobre ella se ha debatido abundantemente desde la Antigüedad.

Hoy se usa cada vez que salen a la palestra los llamados *aptónimos*. El término *aptónimo* designa al nombre de la persona que termina ejerciendo la profesión que su apellido designa. Ejemplos fáciles de aptónimos en español son el nombre del banquero Emilio Botín, el del actor de cine Javier Cámara o el del representante de España en el Festival de Eurovisión, Blas Cantó. Las muestran se dan en otras lenguas: para el inglés podemos señalar a Chris Moneymaker (cuyo apellido es, literalmente 'hacedor de dinero'), jugador de póquer estadounidense que ganó en 2003 una importantísima competición mundial de ese juego de apuestas; el finlandés Jari-Matti Latvala es un piloto de rally que corre... como una bala. También hay inaptónimos, o sea, nombres que contrarían el aspecto o la ocupación de sus portadores: que el actor Javier Calvo, uno de «los Javis», tenga pelazo, es uno de esos ejemplos.

O que alguien que se llamase hipotéticamente Próspero Rico fuera un pobre de solemnidad.

Aptónimos e inaptónimos son usados como argumentos dentro de la hipótesis del determinismo nominativo, la teoría que sostiene que, efectivamente, nuestros nombres y apellidos pueden terminar orientándonos la vida. ¿Cuánto hay de real en esa idea? Cierto es que hay apellidos cuya génesis fue completamente motivada y determinada; por ejemplo, ocurre en los apellidos de profesiones (*Molinero*, *Zapatero*), en cuyo origen puede haber un antiguo mote de alguien que se dedicaba a eso. Pero, obviamente, nadie puede postular un cumplimiento inexorable del presagio que supone llamarte o apellidarte de una determinada manera: si el *omen nomen* fuera ley infalible, los habitantes del pueblo llamado Cebolla, en Toledo, jamás consumirían la tortilla sin tal ingrediente; no habría otro estado civil posible para el político español Pablo Casado que el de estar dentro del matrimonio y el astronauta Pedro Duque sería realmente un aristócrata. La teoría del determinismo no postula tanto un principio por el que tu nombre te otorga sin escapatoria alguna un destino, sino que sostiene, por una cuestión del llamado «egoísmo implícito», la existencia de una inclinación inconsciente hacia aquello que asociamos a nosotros mismos. Esto es, se afirma que hay quien, aparentemente sin darse cuenta de ello, termina buscando que su nombre y apellidos se conviertan en sus aptónimos. La hipótesis fue mencionada como uno de los argumentos de la teoría de la sincronicidad de Carl Jung (1952), que señalaba que hay hechos sin relación causal que parecen estar relacionados entre sí y que, en tal caso, se puede hablar de coincidencias significativas.

Otra cuestión ligada a los nombres que es aparentemente casual pero que ha sido explicada como fuertemente motivada es la del orden alfabético. En un mundo donde casi todo ofende, nos quedaba por ver una forma más de supuesta postergación: el orden alfabético. Se ha llamado *prejuicio del alfa-*

betismo: la aparente discriminación que sufren quienes tienen apellidos situados en la zona baja del alfabeto. Hay quienes defienden que sentarse alfabéticamente, corregir pruebas en tal orden o entregar diplomas siguiendo la disposición de la *a* a la *z* puede ser discriminatorio para los que están en la segunda mitad del alfabeto. Hay incluso artículos científicos (puedes buscar el de los profesores de la Universidad de Colorado Alexander Cauley y Jeffrey Zax) que sostienen que, a igualdad de formación, reciben más oportunidades laborales quienes ocupan en su apellido las zonas altas del alfabeto. Según estos autores, en la vida laboral se repite el mismo proceso que se observaba antiguamente cuando existían listines telefónicos en papel: las empresas cuyo nombre empezaba por *a* y que, por tanto, estaban primeras en los listines telefónicos, recibían más llamadas de posibles clientes.

La antelación en el orden alfabético no es tan relevante como nos defienden los adalides del prejuicios, del alfabetismo, pero es curioso observar cómo para muchos esa antelación es considerada un motivo real de discriminación. Veamos lo que ocurrió con el nombre de Corea. En 1897 Japón derrotó a China en la guerra por el control de Corea y ello dio la llave para que los nipones iniciaran el proceso de anexión formal de Corea. Las indudables consecuencias sociales y económicas de ese hecho fueron de una gran dimensión, pero parece que la lengua también reflejó ese proceso en una curiosa modificación del nombre del territorio coreano. Según señalan los coreanos, Japón promovió que fuese Korea (y no Corea, usado según ellos con abundancia antes de la anexión) el nombre que la prensa en lengua inglesa diera a lo que otrora fue un territorio libre, de forma que *Japan* fuera siempre previo a *Korea* en los listados internacionales en inglés. Otras lenguas como el francés (*Corée*), el portugués (*Coreia*) o el español (*Corea*) mantuvieron la alfabetización con *c* tradicional.

Esto es uno de los agravios que la población de las dos Coreas actuales guarda contra los japoneses, que sostienen que esto es una mera teoría conspiratoria sin fundamento y que tanto el deletreo con *c* como el deletreo con *k* para Corea eran creaciones occidentales que existían antes de la anexión. En cualquier caso, sea real o no esta acusación, nos interesa ver cómo la prelación, la antelación en el orden alfabético es considerada un motivo real para el cambio de nombre en la escritura de un país.

¿Tanto pesa el orden alfabético? ¿Tanto nos determina el nombre? ¿Es verdad que *omen nomen*? Llamándome Dolores, por el bien de mi salud, prefiero pensar que no.

EL ÁRBOL DE NAVIDAD

Pensar en el mes de diciembre es ver la Navidad. Todo lo que asociamos a ella: las luces, el portal de Belén, los regalos y la fiesta tiene un mundo de palabras que llegan cada año siguiendo la estrella fugaz del calendario. Las personas que se llaman con nombres navideños, la forma de pronunciar la *Nochebuena* y el primer texto teatral escrito en castellano son algunos de los regalos que nos han dejado bajo este árbol de Navidad de la lengua. Con la Navidad, cada diciembre se cierra un ciclo que hace abrir un año nuevo que comenzar a transitar, exactamente igual que los árboles se renuevan cada año.

La palabra para este árbol es *villancico*, derivado de *villán* ('villano') con diminutivo en *–ico*. *Villancico* designaba al propio labriego o campesino y luego comenzó a usarse para la copla que se le atribuía.

Tenemos más Belenes que Natividades: los nombres navideños en España

Hay en España seis personas que se apellidan Navidad Navidad, doce que tras el nombre tienen en el carné los apellidos Belén Belén... y 26 mujeres llamadas Navidad. La posibilidad de una unión de apellidos o nombres entre estas sagas podría crear ciudadanos llamados *Belén Navidad Navidad* o similares. Pero no son los únicos españoles cuyos nombres de pila o apellidos nos remontan a realidades o personajes navideños. Ahora recorreremos una decena de nombres usados en nuestro país que están fuertemente relacionados con la fiesta cristiana.

Si nos fijamos en los nombres de persona, tenemos que, según los datos del Instituto Nacional de Estadística, el nombre navideño que cuenta con más portadores en España es Natalia, nombre derivado del latín DIES NATALIS o día del nacimiento de Cristo. Hay en nuestro país 91.703 mujeres llamadas *Natalia* y repartidas de forma desequilibrada, ya que las estadísticas sitúan a muchas Natalias en Asturias, Valladolid, Zaragoza o Toledo y, en cambio, a muy poquitas en provincias como Murcia, Palencia o Castellón. La media de edad de las mujeres así llamadas se sitúa en 26 años y medio. Esa media refleja, obviamente, que hace más de 25 años que se pone el nombre de Natalia en nuestro país y que sigue utilizándose para dar nombre a las niñas que nacen, de otro modo la media sería más alta, ya que todos conocemos a Natalias que tienen más de 40 años. Sus variantes familiares (*Natacha, Natatxa, Nataxa* o *Natasha*) son usadas también como nombre en los registros: hay casi 1600 Natachas en España, y de la juventud de estas formas nos informa el que la variante con *sh* (*Natasha*) ofrezca una media de edad de solo 17 años y la forma con *x* una media de 16. Los Natalios, en cambio, son pocos (algo menos de 1500) y tienen un nombre menos elegido para los bebés que nacen, ya que presentan una media de edad de 58 años; parece que en general no quedan Natalios que crean en los Reyes.

Fruto de una moda que es reciente y cuya pista podemos seguir con facilidad es el nombre *Noelia*. Se origina en la palabra francesa para Navidad (*Noël*), a la que se añadió una –*a* para formar un nombre femenino. Antes de 1972 era muy infrecuente encontrar a mujeres llamadas así, pero una de ellas, la canaria Noelia Afonso (Miss España 1968) fue clave en la historia de este nombre: en ella se inspiró Augusto Algueró para componer una canción que popularizó en 1971 Nino Bravo. A partir de ese momento se empezaron a generalizar las Noelias en España; ahora son 73.138 y viven en su mayoría en provincias como Murcia y Palencia (dos provincias donde, en cambio, hay pocas Natalias), Toledo, Guadalajara, León y Lugo. La media de edad de las Noelias españolas es de 25 años, lo que prueba que, más allá de la eclosión de la canción en torno a Noelia hace 46 años, el nombre se ha seguido poniendo. A Noelia Afonso, que cumplirá años en la navideña fecha del 3 de enero, le debemos que esté tan presente un nombre navideño como el suyo desde la España del último franquismo. La forma masculina, Noel, tiene casi 5.000 representantes en España, en su mayoría en la cornisa noroccidental del país.

El tercer puesto en los nombres femeninos navideños lo ocupa Belén: en España hay 34.494 mujeres llamadas así, con una media de edad de 32 años. Y el más antiguo, pero también el más infrecuente de estos nombres navideños femeninos, es Natividad, denominación que tienen en su carné 32.495 mujeres en España de una edad media de 63 años, lo que muestra que últimamente no se usa tanto para las recién nacidas. Derivado del latín NATIVITAS, que designaba al nacimiento del niño Jesús, *Natividad* es también en España un nombre masculino (aunque solo lo porten en la actualidad 44 hombres) y un apellido (hay 806 personas con ese apellido, concentradas sobre todo en Soria, Vizcaya y Valencia).

Los nombres de los Reyes Magos son, en cambio, menos exitosos que los que significan 'Navidad'. Unos quince mil españoles tienen el nombre de uno de estos monarcas: 3.768 se llaman Melchor, 6.904 son Gaspar y hay 4.748 Baltasares. Son nombres que no se ponen mucho a los bebés, ya que la media de edad de los tres es superior a los 50 años. Si te llamas como uno de los Reyes, tu edad se aproxima más a la de Sus Majestades que a la del niño Jesús. Y aún mayores son las mujeres con nombre de rey mago, ya que superan los 70 años quienes se llaman Melchora, Gaspara o Baltasara. Suman entre los tres nombres algo menos de 1.700 personas, las menos comunes son las Gasparas.

El repertorio se puede ampliar un poco más si apuntamos a nombres de realidades que tienen que ver intrínsecamente con las Navidades. El nacimiento, nombre que muchos españoles dan al portal de Belén que ponemos en casa, da nombre a 31 mujeres españolas que se llaman así, *Nacimiento*, con una media de edad de 63 años y en su mayoría provenientes de Granada. Más exótico aún es llamarse Aguinaldo: hay 23 personas llamadas así (47,4 años de media) y 31 lo tienen como apellido. Y curioso es apellidarse *Mirra*, el regalo más enigmático de los portados por los tres Reyes Magos, que es también como apellido una rareza, ya que lo tienen solo 17 personas (barcelonesas en su mayoría).

Los nombres que se ponen o se dejan de poner así como los apellidos que se han usado históricamente son parte del objeto de estudio de la onomástica histórica, disciplina filológica que en este caso ofrece sus datos para intervenir en la clásica batalla de Papá Noel frente a los Reyes Magos. En lo que se refiere a los sistemas denominativos, ganan claramente Sus Majestades: hay 462 personas apellidadas Camello de primero o de segundo en España; en cambio, solo 71 se apellidan Reno. Nuestro querido Santa Claus, en cuestión de nombres, no circula mucho por España en Navidad.

La Nochebuena también es *Nochegüena*

Es una hipótesis, pero todo apunta a que se va a cumplir: si tu cena de Navidad evoluciona favorablemente y termina con el episodio clásico de exaltación de la amistad, es posible que acabes deseando chispeantemente una *feliz Nochegüena* a tus cuñados o atrayendo por el cuello hacia ti al plúmbeo responsable administrativo de tu oficina para declararle en público: «¡Este tío es güeno, güeno, güeno!». Superada la resaca y si aún te queda cuerpo y vergüenza, dedícanos un rato para que te podamos explicar por qué en tu festiva deriva navideña la expresividad te ha llevado a hacer *güeno* a lo que igual no era ni siquiera *bueno*.

Agüelo, nochegüena o *güelta* son formas comunes en la lengua poco elaborada para referirse a *abuelo, nochebuena* o *vuelta*; los ejemplos se dan muy comúnmente cuando sigue el diptongo /ue/, pero también en otros casos como *golver, gomitar* o *gofetá* para *volver, vomitar* o *bofetada*.

Los cambios entre los sonidos que representamos con las consonantes *be-uve* y *ge* son comunes en el español actual y se dan en las dos direcciones: también encontramos casos como *abuja* para *aguja*. Estos desplazamientos no son exclusivos o propios de una zona concreta del mundo hispanohablante, lo que nos permite hacer una segunda hipótesis tan fundamentada e inútil como la primera: en la noche del 24 de diciembre, hablantes de español de todo el mundo se referirán a la *Nochebuena* como *Nochegüena*. Es decir, no estamos, pese a lo que muchos piensan, ante un rasgo ni exclusivo ni proveniente de Andalucía, sino general en el español.

Este cambio está basado en las propiedades que tienen ciertos sonidos y en cómo nosotros los acercamos y asimilamos al pronunciar. La *be* y la *ge* que bailan en la pronunciación de *güeno* son, respectivamente, un sonido labial (el que se representa en la escritura con *b* o *uve*) y un sonido velar (el que representa la *g* ante la *o* y *u* de los ejemplos). Si la cabeza aún te da para estos detalles, te especificamos que el sonido que escribimos con *ge* en *gato, gota, agüelo* o *nochegüena* se llama «velar» porque se produce en la parte trasera del paladar o velo de la boca. Pues bien, sonido velar y labial se encuentran muy relacionados y puede ocurrir que uno se desplace hasta convertirse en otro (técnicamente hablamos de *labialización* o *velarización*). Si pronuncias *abuela* y *agüela* verás que, además de evocar a tu tierna progenitora, estás desplazando el sonido hacia la parte de delante (labial) o trasera (velar) de la boca.

Si lo observas bien, el paso de /b/ a /g/ se da fundamentalmente cuando siguen vocales como *u* y *o*; en esos casos hay una cierta equivalencia acústica entre ambos sonidos. Si pronuncias de manera aislada /o/, /u/ y luego /e/, /i/ verás que las dos primeras suenan en la parte más atrasada de la boca, de hecho las llamamos «vocales posteriores». Esas vocales ayudan a que atrasemos la consonante. Vocales, bocas y sonidos tienen las mismas características en hablantes de Sevilla, de Zaragoza o de Montevideo, por eso este tipo de cambio en los sonidos lo podemos encontrar en cualquier punto de la geografía hispanohablante y también, como mostró la pionera filóloga decimonónica Karolina Michaëlis, en otras lenguas como el catalán, el portugués, el rumano o el italiano. Pertenece, pues, a la categoría de esos cambios en los sonidos que se daban posiblemente incluso antes de que existiese la Nochebuena.

Otra cosa es la caracterización que damos a este rasgo. Hoy los hablantes lo consideran vulgarismo comparable a cambios de posición en las consonantes como *cocreta* o a asimilaciones como la de *almóndiga*. No obstante, como en otros rasgos de nuestra lengua, vemos que lo que hoy es claramente percibido como rasgo rechazable, circunscrito al habla poco cuidada, fue en otro tiempo un rasgo de valoración más neutra. El humanista conquense Juan de Valdés declaró en el siglo XVI que le ofendía el sonido de *güevo* por *huevo*, pero otros gramáticos del español de esa época no censuraron en absoluto dicha pronunciación. Y ello era así porque en los siglos XVI y XVII el uso de esta forma en el discurso público no era considerado un rasgo estigmatizado socialmente y alternaban las dos formas. Incluso en alguna ocasión la pronunciación de *gu* por *bu* ha llegado a perpetuarse en la escritura de una palabra; así, la forma *buhardilla* ('desván') conoce la variante *guardilla* y la forma *yubo* se dio como variante de *yugo*.

Pero ya en el siglo XVIII los casos de *agüelo, güeno* y similares nos muestran que este rasgo había empezado a sentirse vulgar. En esa época, cuando la literatura comienza a reflejar a personajes populares y a caracterizarlos lingüísticamente, encontramos casos de este tipo usados deliberadamente para representar a personajes poco prestigiados o representantes del saber popular. En la boca del gaucho argentino Martín Fierro (1872), retratado por José Hernández, los casos de *gu* por *bu* no faltan. El gaucho decía retador:

> Siempre me tuve por *güeno*
> y si me quieren probar
> salgan otros a cantar
> y veremos quién es menos.

Pero tú no te hagas el gaucho: mejor no te lances al ruedo del canto en público por mucho que estés en plena eclosión festiva. Con mis mejores deseos de una *Nochegüena* digna, feliz Navidad.

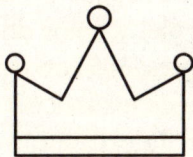

Los Reyes Magos son los padres... del teatro

Todos sabemos que cada noche de Reyes se representa una comedia feliz orquestada por las familias y ayudada por los medios para mantener la ilusión y la inocencia de los niños. Conocida la trastienda de esa noche, podemos revelar también otra realidad: Sus Majestades de Oriente son los padres... del teatro, y lo son porque el primer texto teatral escrito en castellano trata sobre los reyes y los tiene como personajes principales.

Ese texto es el llamado *Auto de los Reyes Magos*, un texto corto escrito posiblemente en el siglo XII en la ciudad de Toledo. La obra tiene un argumento propio de la época del año en que se representaba: los tres reyes, de manera independiente, monologan porque han visto una estrella desconocida y deciden seguir la señal, que interpretan como una prueba del nacimiento del Mesías; los tres se encuentran en el camino y visitan al malvado rey Herodes que, sorprendido al saber que hay un nuevo monarca que no es él, llama a sus consejeros, los sabios judíos, que pelean entre ellos por no tener ningún dato sobre las señales divinas que han visto los magos. Ahí se interrumpe la obra según se nos ha copiado en el manuscrito, pero seguramente el teatro terminaría con la llegada de los reyes al portal y la adoración del niño.

Lejos de ser simplista o ingenua, la obra tiene un gran instinto dramático; por ejemplo, los Reyes Magos tienen en ella personalidades diferenciadas. Si para nosotros hoy los tres monarcas son una especie de bloque homogéneo con contrastes solo físicos (color de la piel y color de la barba), el anónimo escritor del *Auto* los representó con caracteres distintos: Baltasar es el más descreído de los tres personajes, a quien más le cuesta lanzarse a seguir la estrella. Melchor hace de culto, es quien mejor sabe interpretar las señales astrológicas; Gaspar es el más lanzado y decidido, el hombre de acción. Curiosamente, en el *Auto* los reyes no son llamados ni «reyes» ni «magos» sino *estrelleros* (*steleros*, en castellano antiguo), o sea, astrónomos. Sí aparecen ya llamados como Melchor, Baltasar y Gaspar (escrito *Caspar*), según era común desde el siglo VI, pero aún no eran identificados con un arquetipo físico diferenciado, ya que la triple representación racial de los reyes como un europeo (Melchor), un asiático (Gaspar) y un africano (Baltasar) no estaba arraigada aún en el siglo XII.

Paradójicamente, unos personajes como los de los Reyes, ligados a los niños, son también para la cultura hispánica los que representan la infancia de un género como el del teatro medieval. Seguramente, este *Auto* se representaría en algún lugar dentro de las iglesias o en emplazamientos similares donde se simularían los escenarios de la peregrinación de los magos y del palacio de Herodes. Se llama *Auto de los Reyes Magos* pensando en una derivación de la palabra *acto* (igual que hablamos de *autos sacramentales*), pero no son descabellados los títulos de «Misterio de los Reyes Magos» o «Representación de los Reyes Magos» que también se han propuesto para esta obra.

El *Auto* fue copiado al final de un manuscrito latino y fue descubierto en el siglo XVIII por un cura en la catedral de Toledo, aunque ahora se conserva en la Biblioteca Nacional de España. Sale de ella, metafóricamente, cada vez que se representa de forma profesional o entre aficionados; por ejemplo, cada año en el pueblo de Vianos (Albacete). Lo habitual en tales casos es actualizar la lengua del texto, aunque sea mínimamente, ya que el *Auto* nos presenta las dificultades de lectura propias de una obra del siglo XII: en sus 147 versos hay rimas extrañas, palabras que necesitan explicación filológica y algunas interpretaciones que pueden discutirse, pero pese a ello es un texto teatralmente buenísimo. La frase más destacada de la obra es la que dicen los Reyes Magos como pacto para saber si el nacido es o no un dios. Baltasar señala: «Oro, mirra i acenso [incienso] a él ofreceremos; si fure rey de terra, el oro querá; si fure omne mortal, la mira tomará; si rey celestrial, estos dos dexará, tomará el encenso que le pertenecerá».

No conocemos la identidad del autor, pero se ha hipotetizado, por su lengua, que pudiera ser alguien de origen francés (gascón) instalado en esa ciudad. Fuera quien fuera, nos dejó un texto fundamental en la cultura hispánica. Si los alemanes dicen tener enterrados a los Reyes Magos en un sarcófago triple dentro la catedral de Colonia, los hablantes de español los tenemos exhumados en un texto. Los verdaderos reyes, con todo, son los pequeños protagonistas de cada 6 de enero por la mañana: los reyes magos son los niños.

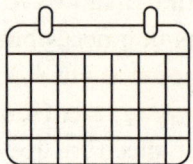

Vendrá un nuevo año y tendrá sus palabras

Los años pasados tuvieron sus palabras y según la Fundación del Español Urgente (Fundéu) estas han sido *escrache*, *microplástico*, *emoji*... El nuevo año también tendrá las suyas: la prensa las colocará en sus titulares, no se les caerán de la boca a los tertulianos y aparecerán hasta el agotamiento en los discursos políticos. Otras llegarán sin aviso a las noticias y a las conversaciones, precipitadas por la actualidad. Y a las palabras compartidas de los titulares se sumarán las de la vida de cada uno; algunas serán grumos en la boca que querremos pronto escupir y otras nos parecerán confitadas por la diosa Fortuna y las repetiremos como quien paladea la fruta del agrado.

Vendrá otro año y tendrá sus palabras. Empezaremos subiendo metafóricamente la cuesta de enero y el pasar de los días será remontar una costosa montaña de deudas contraídas. La metáfora del tiempo descrito a través del espacio nos mostrará que como hablantes necesitamos de imágenes para entender el mundo.

En febrero, el mes más cortito, *cosilla*, *amorcito*, *florecica* y decenas de palabras cursis revelarán la paradoja de cómo al empequeñecer un vocablo agrandamos el afecto que este transmite; pero el tamaño no advierte de la magnitud de los significados: *amor* y *odio* tienen exactamente el mismo número de letras.

En marzo alguien se acordará de la gramática y de las mujeres, y nos propondrá que digamos *todes*, o *todos y todas*, o *tod@s*, pero en abril alguna famosa parirá y la foto de su posparto barrigón estará acompañada de la interjección *arghh* en la portada de una revista, para recordarnos a todas que la creatividad gramatical es más libre que la esclavitud de la imagen. Habrá cada día una víctima sexual más y la culpa no será suya, ni de dónde estaba ni de cómo vestía, pero las palabras con que se califique o justifique su desgracia dolerán a la víctima más que el propio ataque.

En mayo, la segunda generación de una familia de migrantes dejará de enseñar su lengua materna a los críos de la casa, en la creencia de que así ayudan a su inclusión social. El hecho nos escandalizará solo si la familia está en Estados Unidos y si su lengua materna es el español.

En junio, miles de niños habrán aprendido qué es el modo verbal subjuntivo, pero no sabrán expresar ni defender sus opiniones subjetivas.

En julio acabará el curso político. Cualquier pacto entre partidos nos parecerá, en su radiante foto de dientes y tensa mano apretada, un sello de cooperación; pero la palabra sabe lo que se esconde en ella: *pactar* es familia etimológica de *pagar* y toda pacificación esconde un pago. Ojalá sea en dineros y no en derechos. Tan cercanas en sonido, se habrán confundido las palabras *tierra* y *guerra*; al hablar de identidades, muchos timos se harán mitos. Políticos que cada vez tienen menos valores repetirán la frase *poner en valor*. Mientras, Agamenón y su porquero seguirán hablando sobre la verdad de las cosas en la mesa esquinada del bar sin tiempo de un pueblo.

En agosto volverás a ese libro que hace años te acompañó; sus palabras te parecerán ahora escritas de otra manera. Miles de estudiantes extranjeros se instalarán por semanas o meses en cualquier país hispanohablante. Dirán *una problema*, cometerán errores y solo aprenderán si están dispuestos a cometerlos. Entretanto, alguien pronunciará, en su casa o en un estrado, la frase errónea necesaria para estropearlo todo.

En los medios, muchos se equivocarán con las palabras. Llamarán *lobo solitario*, con necio barniz de heroísmo y liderazgo, a un bobo solitario y fanático; llamarán *personas muertas* a los asesinados.

Habrá melodías aspirantes a ser la canción del verano; *dale*, *toma*, *perrea* y todos los imperativos del español convivirán con sus vocativos más patéticos: *gatita*, *churri*, *papichulo*. Incesantemente se perderán palabras. En la soledad de su casa, algún viejo recordará la colectividad de las canciones de siembra de su pueblo. Morirá la última anciana capaz de cantar el *Gerineldo* y el siglo XXI se llevará a la tumba las palabras del romance del XIV.

En septiembre volveremos al trabajo. Con el nuevo curso, la educación se sostendrá sobre las palabras de un maestro, sobre su sensibilidad y su capacidad; no se habrá agotado aún la batería de una monada didáctica digital con instrucciones escritas en un español mal traducido. Un joven hará rabona o pellas o novillos o la cimarra, o sea, faltará injustificadamente a clase y aprenderá a desenvolver las voces *cigarro* o *beso*.

En octubre nacerá una niña y la llamarán Daenerys, o nacerá un niño y lo llamarán Tiburcio. Y ambos tendrán que explicar todos los días de su vida por qué la onomástica está sujeta a modas. Su madre, desde el propio nacimiento, empezará a acariciar con palabras al crío; el baño en un idioma pronunciado con timbre agudo y dicción suave (*bonito*, *mi niño*, *no llores*) hará surgir de nuevo esa preciosa variedad de lengua que llamamos *maternés*.

En noviembre alguien se enfadará por el invento de Halloween y nadie tendrá certeza de cómo escribirlo. Tristemente, sin estar estudiando Medicina, alguien aprenderá qué significa *tumor*.

En diciembre, el adjetivo *entrañable* recorrerá, con su aliento viejuno de peladilla, las felicitaciones navideñas que ya pocos escribirán en papel. Circularán *almirez* y *burrito sabanero* sin que sepamos muy bien a qué aluden. Y al terminar el año, las palabras, cansadas de ser usadas, gastadas de verse en titulares y en conversaciones, seguirán mirándose en el espejo sereno de los diccionarios, ajustando con delicadeza su significado como el que se retoca un traje. Se acabará este año. La Fundéu elegirá la palabra del año. Y vendrá un año nuevo y tendrá sus palabras.

SIGUE CULTIVANDO EL ÁRBOL
Ejercicios de reflexión lingüística

BOSQUES Y ÁRBOLES

1. Podemos tratar de «despedantizar» algunas frases inventadas. ¿A qué frases coloquiales o estándares corresponden los afectadísimos enunciados de la columna izquierda?

A corcel gratificado no le mires el cuerpo de piezas premolares y molares.

Pompis diviso, nalgas ambiciono.

Ignoro la identidad de la persona que sanará mi impulsor de sangre alojado en la cavidad torácica, actualmente segmentado.

A penoso clima, fulgente faz.

Lucas, yo soy tu engendrador.

Can emisor de aullidos, exiguo en tendencia a tarascar.

Inquiere por una zagala, una zagala poco obsoleta.

Imperecederamente dispondremos de la capital de la República francesa.

Culo veo, culo quiero.

Búscate una chica, una chica ye-ye.

Al mal tiempo, buena cara.

Perro ladrador, poco mordedor.

Lucas, soy tu padre.

Siempre nos quedará París.

A caballo regalado no le mires el diente.

Quién me va a curar el corazón *partío*.

2. Identifica en el primero de los textos de esta sección las ideas que tratan de luchar contras estos asentados y falsísimos prejuicios lingüísticos:

> Mi lengua materna es más fácil de aprender que mi segunda lengua.
>
> Las palabras antiguas muestran la pureza del idioma.
>
> El español estándar es el de Castilla, zona que no registra variedades dialectales.
>
> Antes se hablaba un español más puro y ahora no paran de entrar palabras de fuera.

3. Piensa en el dialecto de tu zona, o sea, en tu geolecto. ¿Cómo lo puedes diferenciar de otros? Puedes tener en cuenta el vocabulario, la gramática o la pronunciación.

EL SONIDO DE LOS ÁRBOLES

1. Además de la manecilla o el interrobang, hay otros signos ortográficos raros en nuestros libros de ortografía. ¿Sabes cómo se llaman y para qué se usan los que siguen?

                    &   #   §

2. Además de las interrogaciones, otros signos de la ortografía son también dobles, como las comillas. Estas " " y estas «» son comillas correctas en español. ¿Sabes cómo se llama en español cada par?

3. Ahora que ya sabes que *b* y *v* suenan igual en español, verás que estas palabras tienen la misma pronunciación pero significados muy distintos. ¿Cuáles?

        acervo   acerbo
        vacilo   bacilo
        vote   bote
        revelar   rebelar
        varón   barón

4. Las letras *v* y *w* se llaman de formas muy distintas dentro de la comunidad hispanohablante. ¿De qué nombres hablamos?

5. La letra *y* o *i griega*, con la que asociamos el sonido del yeísmo, se llama también «la letra de Pitágoras» o, aún más poéticamente, el «árbol de Samos». ¿Por qué ese nombre vegetal para la letra y qué tiene que ver con Pitágoras?

6. Igual que sumamos sonidos a las palabras, como en esa anaptixis de la que hemos hablado, también hay elementos añadidos (pertinentes o intrusos) en los textos: prólogos, apéndices, datos sobre lugar de edición, notas al pie... Tales elementos se llaman paratextos. Toma un par de libros y trata de identificar sus paratextos, es decir, los elementos que están en él y que no pertenecen a la mano del autor.

ÁRBOLES GRAMATICALES

1. El compositor mexicano José Alfredo Jiménez (1926-1973) es autor de este conocido bolero titulado *Ojalá que te vaya bonito*. Basta con que lo escuches para completar los subjuntivos que faltan en los huecos:

>   Ojalá que te _____ bonito,
>   ojalá que se _____ tus penas,
>   que te _____ que yo ya no existo,
>   que _____ personas más buenas.
>   Que te _____ lo que no pude darte,
>   aunque yo te _____ de todo.
>   Nunca más volveré a molestarte:
>   te adoré, te perdí, ya ni modo.
>   ¡Cuántas cosas quedaron prendidas
>   hasta dentro del fondo de mi alma!
>   ¡Cuántas luces dejaste encendidas!
>   Yo no sé cómo voy a apagarlas.
>   Ojalá que mi amor no te _____
>   y te _____ de mí para siempre.
>   que se _____ de sangre tus venas,
>   y te _____ la vida de suerte.
>   Yo no sé si tu ausencia me _____,
>   aunque tengo mi pecho de acero.
>   Pero nadie me _____ cobarde
>   sin saber hasta dónde la quiero.

2. Identifica el pronombre correcto en estas frases:

>   A Jaime *le / lo* veo todos los días en el trabajo.
>   Pase, doña Blanca, *le / lo / la* sirvo un café.

Espere, señora Ana, ahora mismo *la / le* atiendo.

Alejandra, vas a pasar frío, el gorro te *le / lo* pones ahora mismo.

María dice que a su perro *le / lo* quiere mucho.

3. Varios versos del andaluz Luis Cernuda (1902-1963) están presentes en la historia sobre *cuyo* que se incluye en esta sección. ¿Cuáles?

LA FRONDOSIDAD DEL VOCABULARIO

1. En una de estas historias hemos recorrido palabras en español para lo peor. ¿Cuáles son las palabras que usas para lo mejor? ¿*Óptimo*?, ¿*genial*?, ¿*idóneo*?, ¿*ser una maravilla*? ¿Te atreves a hacer un listado con diez de esas formas para hablar de lo mejor?

2. Piensa en algunos nombres de persona comunes en español. ¿Connotan algo para ti? ¿Por qué? Si no se te ocurre en qué nombres pensar, aquí dejo algunas pistas:

Cayetano	Bartola
Beltrán	Vanessa
Pamela	Marcelino

3. Nuestros antepasados se quejaban de la proliferación de muletillas (*marcadores discursivos*) de sus coetáneos. ¿Tienes alguna muletilla? ¿Qué muletilla caracteriza a alguno de tus amigos?

4. A partir de lo que se explica en el artículo sobre *ex*, ¿cómo se escribirían, utilizando este prefijo, las siguientes realidades?

el antiguo militar:	exmilitar
la antigua directora:	_____
la antigua jugadora de baloncesto:	_____
la antigua primera dama:	_____

SEMILLAS QUE CRECEN

1. Hemos hablado de cómo se aprenden una o varias lenguas maternas. *Madre* es una palabra muy usada en español para significados muy alejados entre sí. Si miramos solo a México, tenemos allí todas estas expresiones: *madrear*, *valemadrismo*, *a toda madre*. ¿Sabes qué significan? Quizá estos ejemplos te ayuden a esclarecer significados:

> No se inquieta por perder el empleo, está con todo el *valemadrismo* faltando cada vez más.
>
> ¡*A la madre*! Si no haces tu trabajo te despido.
>
> Ayer fuimos a ese restaurante nuevo y nos encantó, los tacos saben *a toda madre*.

2. Este poema de Dámaso Alonso (1898-1990) se titula «Una voz de España» y trata de la adquisición del español por un niño:

> Desde el caos inicial, una mañana
> desperté. Los colores rebullían.
> Mas tiernos monstruos ruidos me decían:
> «mamá», «tata», «guauguau», «Carlitos», «Ana».

Todo —«vivir», «amar», frente a mi gana,
como un orden que vínculos prendían.
Y hombre fui. ¿Dios? Las cosas me servían;
yo hice el mundo en mi lengua castellana.

Crear, hablar, pensar, todo es un mismo
mundo anhelado, en el que, una a una,
fluctúan las palabras como olas.

Cae la tarde, y vislumbro ya el abismo.
Adiós, mundo, palabras de mi cuna;
adiós, mis dulces voces españolas.

Dámaso dice que ha hecho su mundo en la lengua castellana. Y tú, lector, ¿en qué lengua o lenguas hiciste tu mundo, con qué palabras hiciste tus «tiernos monstruos ruidos»? ¿Cuál es tu biografía lingüística?

3. Hemos hablado de palabras como *intimidación*, *matoneo*, *matonismo* y *acoso*, que son las alternativas que recomienda la Fundación del Español Urgente (Fundéu) para la forma *bullying*. Entra en la ciberpágina de esta fundación y busca qué propuestas hace Fundéu para términos ingleses como *remake*, *influencer*, *mobbing* y *healthy*.

4. Muchos asocian querer ser escritor con estudiar una carrera sobre filología o humanidades. Pero ser escritor no implica primariamente «ser de letras». Indaga en las profesiones de escritores hispanohablantes y no hispanohablantes como Juan Benet, Fiódor Dostoyevski o Joan Margarit.

5. He aquí algunas otras expresiones del lenguaje juvenil actual, ejemplificadas en algunas frases. ¿Las usas, las conoces o las puedes descrifrar?

> Es *un pro*, sabe perfectamente cómo aprobar estudiando lo justo.
>
> En una cena de lo más *random* encontré al amor de mi vida.
>
> Estoy paseándome por el barrio mil veces para encontrarme con *mi crush*.

EL ÁRBOL DE LA CIENCIA

1. Algunas palabras de la ciencia y no pocos tecnicismos ofrecen variantes en los distintos puntos de la geografía hispanohablante. El *concreto* de parte de América es el *hormigón* en España. En esta lista aparece una definición, un término que se usa en España y otro que se emplea en parte de la América hispanohablante. Completa los huecos.

> 'Aparato de telefonía sin hilos':
> _____ móvil
>
> 'Combustible para autómoviles':
> nafta _____
>
> 'Esquina de un edificio cortada a 45°
> en una intersección de calles':
> _____ chaflán

2. Un español, Leonardo Torres Quevedo (1852-1936), fue el artífice de grandes inventos nacidos de su capacidad y de su creatividad. Uno de ellos era un prototipo de robot llamado Telekyno, ¿por qué se le dio ese nombre?

3. Aunque no seas científico, estás habituado seguro a ver en series, en la escuela o en películas el aspecto de algunos instrumentos que se emplean en laboratorios. Todos los que nombramos abajo tienen nombres que los ligan a sus inventores, pero ¿qué aspecto tienen? Bucea en los nombres hasta saber cómo son:

Mechero Bunsen
Matraz Erlenmeyer
Tubo de Thiele
Embudo Büchner

VIEJOS Y NUEVOS TERRENOS

1. Busca los primeros versos del *Poema de mio Cid* y anótalos por aquí para que puedas recordarlos.
___
___
___
___
___

2. En estas historias se han citado varios versos de poetas en español. Identifica autor y versos anteriores o posteriores de estos citados en el texto:

Polvo, sudor y hierro, el Cid cabalga
___

Ir y quedarse, y con quedar partirse,
___

_____
_____
_____
_____

3. *Armarse la de san Quintín* es una expresión española relacionada con el ejército en Flandes. ¿Cuál es su origen histórico?

4. Notorios *guiris* (en el sentido de hablantes no nativos de español) fueron reputados estudiosos de la lengua española. Profundiza en la obra lingüística de alguno de estos extranjeros tan amantes del español y de su cultura.

> Juan Nicolás Böhl de Faber
> Carolina Michaëlis de Vasconcelos
> Archer Milton Huntington
> Yákov Malkiel

5. Hemos visto que lo *español* está asociado a ciertos estereotipos fuera de nuestra lengua, pero ¿qué estereotipos albergamos los hablantes de español sobre otras culturas? ¿Qué otros ejemplos conoces de este tipo, qué implicación tienen?

> Me suena a chino
> Deja de hacer el indio
> Te pido puntualidad británica
> Amenazan con una huelga a la japonesa

RAÍCES DE MI ÁRBOL

1. El término *seseo* alude a un rasgo que se da en parte de Andalucía y en prácticamente toda la América hispana. ¿En qué otras áreas del español europeo se encuentra este fenómeno?

2. «Incesantemente la rosa se convierte en otra rosa». El verso es de Jorge Luis Borges (1899-1986) y contiene un adverbio acabado en *–mente*, como el *malamente* del que hemos hablado. ¿Qué adverbios en *–mente* faltan en estos otros versos de poetas andaluces?

 Sintiendo todavía los pulsos de ese afán,
 yo, el más enamorado,
 en las orillas del amor,
 sin que una luz me vea
 _____ muerto o vivo,
 contemplo sus olas y quisiera anegarme,
 deseando _____
 descender, como los ángeles aquellos por la escala de espuma,
 hasta el fondo del mismo amor que ningún hombre ha visto.
          LUIS CERNUDA

 El viento explora _____
 qué viejo tronco tenderá mañana.
 El viento: con la luna en su alta frente
 escrito por el pájaro y la rana.

 El cielo se colora _____,
 una estrella se muere en la ventana
 y en las sombras tendidas del naciente
 luchan mi corazón y su manzana.
        FEDERICO GARCÍA LORCA

 Ya solo soy fragmentos, piezas sueltas de mí,
 pero no soy la mano que me une.

En la pantalla el mundo
me grita cuarteado,
feliz, _____,
_____ luminoso
con su necia alegría de refresco.
Solo soy mis fisuras.
También el mundo es solo sus fisuras.

AURORA LUQUE

MUJERES BAJO EL ÁRBOL

1. Ada Lovelace (1815-1852), Hedy Lamarr (1914-2000) y Rita Levi-Montalcini (1909-2012) fueron, en sus ámbitos de investigación y escritura, destacadas especialistas. A cada una de ellas corresponden dos de estos titulares. ¿Cuáles?

   a. El factor de crecimiento nervioso y un asiento en el senado.
   b. Del cine a las señales de radio.
   c. Cómo inventar un programa de ordenador sin que existan los ordenadores.
   d. Los misiles de Cuba, el wifi y el paseo de la Fama.
   e. Los inspiradores embriones de pollo.
   f. La hija de Byron fue educada por la princesa de los paralelogramos.

2. La cuestión del machismo lingüístico no suele atender a cuestiones muy curiosas sobre nuestra manera de nombrar a las mujeres en los medios. Si al actor Javier Bardem lo llamamos Bardem, a Penélope Cruz la llaman *Penélope* en los titulares. Si a un político destacado de un partido lo mencionan

por su apellido (*Rajoy*), a las políticas las suelen nombrar por su nombre (*Soraya*), si a escritoras o cantantes las nombramos con artículos (*la Caballé, la Pardo Bazán*), a ellos no les aplicamos ese uso (*Plácido Domingo, Pérez Galdós o Don Benito*). Echa un vistazo a los titulares de la prensa actual, ¿hallas alguna diferencia en el tratamiento que se da a mujeres y hombres?

3. La palabra *institutriz* tiene una curiosa terminación femenina en *–triz*, que comparte con otros femeninos como *actriz* y ¿con qué otras palabras?

A LA FRESCA SOMBRA

1. La sandía es una de las frutas típicamente veraniegas. Si indagas en la historia del canal de Panamá, verás que hay una sandía en su origen. ¿Por qué? Y ahora, vamos con la parte lingüística de la pregunta: ¿además del español, qué otras lenguas se hablan en Panamá?

2. Hemos hablado de la separación entre ferias y fiestas, pero hay también *festivales*. ¿Conoces la historia del Festival Internacional Cervantino de Guanajuato, en México, y de su fundador, Eulalio Ferrer?

3. Los refranes que hablan de comida son muchos y normalmente versan del hambre: «A buen hambre, no hay pan duro»; «Hambre y esperar hacen rabiar»; «Donde no hay harina, todo se vuelve mohína»; «A pan de quince días, hambre de tres se-

manas» o «Dame pan y dime tonto», pero sobre el pescado hay muchos también. ¿Sabes qué significan estos?

> El pez fresco gástalo presto.
> El ojo al besugo, al enfermo el pulso.
> La sardina y la longaniza, al calor de la ceniza.
> A quien Dios quiere bien, le trae las sardinas junto a la sartén.
> Te conozco, bacalao, aunque vengas *disfrazao*.
> Pescado de mar, siquiera con cuchara.

4. Una bebida tan veraniega como el *daiquiri* tiene un nombre muy hispánico, aunque no lo parezca. Mirando hacia Cuba y cambiando el acento, encontramos el origen de esta expresión. ¿Cuál es?

EL ÁRBOL DEL DINERO

1. Los números de las cuentas como 4, 6 o 12 (*cuatro*, *seis*, *doce*) se hacen números de orden (ordinales) cuando los listamos. En la lista Forbes de los más ricos no es lo mismo ser el primero que el cuarto. ¿Y estos casos? ¿Cómo se leen en ordinales?

> 20.º es el...   *vigésimo*
> 40.º es el...
> 85.º es el...
> 99.º es el...

2. ¿A qué equivale en números un billón de euros? ¿Y un cuatrillón? ¿Y un nonillón?

3. *Parné, pavos, lerus...* ¿qué nombres da el lector coloquialmente al dinero?

4. El Premio Nobel de Literatura colombiano Gabriel García Márquez, en un texto titulado «Mi otro yo» publicado el 17 de febrero de 1982 en *El País* y recogido en su colección de artículos *El escándalo del siglo* hablaba de las coincidencias que tenía con gente que se llamaba y apellidaba como él:

> Hace poco, al despertar de mi cama en México, leí en un periódico que yo había dictado una conferencia literaria el día anterior en Las Palmas de Gran Canaria, al otro lado del océano, y el acucioso corresponsal no solo había hecho un recuento pormenorizado del acto, sino también una síntesis muy sugestiva de mi exposición. Pero lo más halagador para mí fue que los temas de la reseña eran mucho más inteligentes de lo que se me hubiera podido ocurrir, y la forma en que estaban expuestos era mucho más brillante de lo que yo hubiera sido capaz. Solo había una falla: yo no había estado en Las Palmas ni el día anterior ni en los veintidós años precedentes, y nunca había dictado una conferencia sobre ningún tema en ninguna parte del mundo. [...] En México me encuentro con frecuencia con alguien que me cuenta las pachangas babilónicas que suele hacer con mi hermano Humberto en Acapulco. La última vez que lo vi me agradeció el favor que le hice a través de él, y no me quedó más remedio que decirle que de nada, hombre, ni más faltaba, porque nunca he tenido corazón para confesarle que no tengo ningún hermano que se llame Humberto ni viva en Acapulco.
>
> Hace unos tres años acababa de almorzar en mi casa de México cuando llamaron a la puerta, y uno de mis hijos, muerto de risa, me dijo: «Padre, ahí te buscas tú mismo». Salté del asiento, pensando con una emoción incontenible: «Por fin, ahí está». Pero no era el otro, sino el joven arquitecto mexicano Gabriel García Márquez, un hombre reposado y pulcro, que sobrelleva con un grande estoicismo la desgracia de figurar en el directorio

telefónico. Había tenido la gentileza de averiguar mi dirección para llevarme la correspondencia que se había acumulado durante años en su oficina.

[...] No. Tampoco el arquitecto era mi otro yo, sino alguien mucho más respetable: un homónimo. El otro yo, en cambio, no me encontrará jamás, porque no sabe dónde vivo, ni cómo soy, ni podría concebir que seamos tan distintos. [...] Seguirá alimentándose de mi leyenda, rico hasta más no poder, joven y bello para siempre y feliz hasta la última lágrima, mientras yo sigo envejeciendo sin remordimientos frente a mi máquina de escribir, ajeno a sus delirios y desafueros, y buscando todas las noches a mis amigos de toda la vida para tomarnos los tragos de siempre y añorar sin consuelo el olor de la guayaba. Porque lo más injusto es eso: que el otro es el que goza la fama, pero yo soy el que se jode viviendo.

¿Alguien se llama como tú? ¿Tienes algún homónimo ilustre?

EL ÁRBOL DE NAVIDAD

1. Estas palabras están relacionadas con la Navidad. ¿Qué significan?

betlemítico
caganer
nochebueno
herodiano

2. Hay mucha literatura en español inspirada en la Navidad y los Reyes Magos. Mucha de ella está orientada al público infantil, como el famoso poema *El camello cojito* de la poetisa española Gloria Fuertes (1917-1998):

El camello se pinchó
con un cardo en el camino
y el mecánico Melchor
le dio vino.
[...]
El camello cojeando
más medio muerto que vivo
va espeluchando su felpa
entre los troncos de olivos.
Acercándose a Gaspar,
Melchor le dijo al oído:
—Vaya birria de camello
que en oriente te han vendido.

Pero también hay poemas no infantiles dedicados a la Navidad. ¿Los buscamos? Aquí van algunas pistas para el lector: Luis Cernuda, Gerardo Diego, Gabriela Mistral, Nicanor Parra.

3. ¿Qué palabra eligirías como palabra de tu año?

¿De dónde diablos salió la *ñ*? ¿Hablaba Lope de Vega japonés? ¿«Yerno» viene de «infierno»? ¿Qué tienen en común el maestro Yoda y el Marqués de Santillana? ¿Sabías que en la Edad Media se abreviaba mucho + q hoy?

Una lengua muy muy larga contiene más de cien historias para leer de un tirón o poco a poco, en orden o en desorden, que constituyen la forma más divertida de acercarse al pasado y presente del español, una lengua tan larga en el tiempo como ancha en el espacio que hoy hablan más de 500 millones de personas en el mundo.